Florian Klenk

ÜBER LEBEN UND TOD

In der Gerichtsmedizin

Paul Zsolnay Verlag

4. Auflage 2026
ISBN 978-3-552-07504-7

Satz: Nadine Clemens, München
Umschlag: Anzinger und Rasp, München
Foto: © Christopher Mavrič
Druck und Bindung: GGP Media GmbH, Pößneck
Printed in Germany

MIX
Papier | Fördert gute Waldnutzung
FSC® C014496

ÜBER LEBEN UND TOD

Für meine

Mutter Christiane

und meine

Schwester Ines-Maria

PROLOG

»Wen sezieren wir morgen, Herr Professor?«
»Das weiß ich nicht, Herr Redakteur, denn wer morgen bei mir am Tisch liegt, der lebt heute noch.«

Auf dem Präparat 6, einem abgetrennten Penis »einer Person ungeklärter Identität«, steht eintätowiert »Der sanfte Toni«. Der Professor sah über das in Alkohol eingelegte Gemächt hinweg, als sei es das Normalste auf der Welt. Er dozierte lieber über die Wissenschaft, die Gewalt, das Recht, den Menschen und den Tod.

Doktor Christian Reiter, damals 41 Jahre jung, aber bereits außerordentlicher Universitätsprofessor, stand im weißen Arztkittel vor einer der vielen Vitrinen, darin in Glaszylindern sogenannte Asservate, behördlich beschlagnahmte menschliche Körperteile. Das war vor einem Vierteljahrhundert, in der Sensengasse 2, im Gerichtsmedizinischen Museum der Universität Wien, einer kakanischen Wunderkammer der Aufklärung und des Verbrechens.

Ich lernte damals als sogenannter Rechtspraktikant am Bezirksgericht, wie die Justiz wirklich arbeitet. Ich durfte hinter die Mauern des Rechtsstaats blicken, in Gefängnisse, psychiatrische Anstalten und in die Seziersäle und die für die Öffentlichkeit nicht zugängliche wissenschaftliche Sammlung der Gerichtsmedizin.

Schon damals war Reiter ein berühmter Gerichtssachverständiger, sein Porträt war in den Zeitungen zu sehen. Er wurde bekannt, weil er die monströsen Verbrechen der »Mörderschwestern« im Krankenhaus Lainz aufgeklärt hatte. Auch die »Schwarze Witwe«, eine elegante ältere Dame namens Elfriede Blauensteiner, hatte er überführt. Einsame Männer schwächte die »Elfi«, wie sie Reiter nennt, mit Medikamenten, wickelte sie in gefrorene Handtücher und ließ sie solcherart leise sterben, um sie zu beerben. In einer Welt der eminenzbasierten Gerichtsgutachterei setzte er auf Evidenz. Und ein bisserl auf Show. Auf der Titelseite der *Kronen Zeitung* war der Professor dabei zu sehen, wie er der Elfi den Puls fühlte.

Das hatte Tradition in Wien, dieser Stadt, die dem Tod angeblich dadurch die Reverenz erweist, dass man ihn einen Wiener nennt. Reiter erzählte mir, dass die gerichtsmedizinischen Vorlesungen in der Zwischenkriegszeit fast wie öffentliche Veranstaltungen inszeniert wurden. Die Leichen seien »wie in der berühmten k. u. k. Hofzuckerbäckerei Demel« im Hörsaal präsentiert worden. »Ich begrüße die Damen und Herren Studenten und die Besucher der umliegenden Kaffeehäuser«, eröffnete in den 1920er Jahren der berühmte Professor Albin Heberda seine Vorlesungen. Und dann öffnete er die Körper der Opfer der aktuellen Mordfälle, und die Wiener sahen gespannt zu.

Reiter führte mich damals mit einigen interessierten Richtern durch dieses Museum, das für sich selbst schon ein Museum war. Der Straßenname Sensengasse war eine Reminiszenz an das Haus zu den »Vier Sensen«. Es lag neben vier alten, vergessenen Friedhöfen am Wiener Alsergrund. Eine morbide Verneigung vor dem »Quiqui«, wie Reiter den Gevatter Tod auf Wienerisch am liebsten nennt. »Quiqui«, das Wort soll aus dem Romanischen kommen und übersetzt sich treffend mit »Wer auch immer du bist!«

Auch der Schriftsteller Gerhard Roth schritt vor Jahren mit Reiter für eine Reportage durch dieses »Theater der Grausamkeit«, wie er das Museum nannte. Reiter beschrieb er so: »Wie ein Vergil erscheint der Gerichtsmediziner (…), ein großer und kräftiger Mann mit grauem, kurz geschnittenem Haar, das sich zu lichten beginnt, Schnurrbart und Brille.« Das graue Sakko gebe ihm etwas »von einem anonymen Passanten«, doch wenn er spricht, »vermittelt er den Eindruck eines Mannes, dem Sarkasmus nicht ganz fremd ist. Zusammen mit der Zurückhaltung und Ernsthaftigkeit seines Auftretens, der Sachlichkeit seiner Rede und Gedanken verleiht ihm das eine natürliche Autorität, derer er sich bewusst ist.«

Zum ersten Mal in meinem Leben sah ich dort abgetrennte Schädel, abgetriebene Föten, abgehackte Hände, sichergestellte Finger. Sie ruhten neben eingeschlagenen Köpfen, angenagten Skeletten und mumifizierten Menschen, deren Münder wie vor Schreck offen standen oder in denen noch künstliche Gebisse steckten.

Man würde glauben, dass einem vor all den Asservaten unter den Glaszylindern das Grauen überkommt, doch Reiter nahm mir Furcht und Ekel, weckte stattdessen Neugier in mir.

Denn die menschlichen Hüllen und Körperteile der Wiener dienten als Anschauungsmaterial in Zeiten, als es weder Farbfotos noch Internet gab. Hier konnten die angehenden Gerichtsmediziner lernen, wie die Spuren von Mord, Totschlag, Suizid und Sexualdelikten aussehen. Erschlagen, erschossen, ertränkt, erstochen, erwürgt oder vergiftet wurden jene, deren Skelette, Fettwachsleichen und Mumien hier ruhen, wie die ausrangierten Objekte einer Geisterbahn. Mit verkrampften Fingern, erschrockenem Blick, manchmal aber auch nur sanft schlafend.

Man durfte die »historische Sammlung des Instituts für Gerichtliche Medizin« schon damals nicht einfach so betreten, eben weil sie keine Kuriositätensammlung aus dem Wurstelprater enthielt, sondern eine wissenschaftliche Einrichtung, die den angehenden Ärzten Einblick geben sollte in das Handwerk der Mörder und Selbstmörder und jener, die ihnen auf der Spur waren, Menschen wie Christian Reiter. Die Toten sind für ihn ein Buch des Lebens.

Der Professor bot Juristen Führungen an, damit auch diese das Spektrum der Rechtsmedizin erkennen, eines Faches, das in Wien auf eine Tradition bis zu den Zeiten Maria Theresias zurückblicken kann, der in vielen Belangen aufgeklärten Monarchin des 18. Jahrhunderts. In den vergangenen Jahren hätte das Institut fast selbst den stillen Tod erlitten, indem es kaputtgespart wurde. Das freut jene Verbrecher, deren Taten unentdeckt bleiben.

Reiter, Sohn eines Textilingenieurs und einer Magistratsbeamtin, aufgewachsen im Arbeiterbezirk Wien-Ottakring, am Yppenplatz, ist nicht irgendein Rechtsmediziner – in Österreich heißt die Disziplin Gerichtsmedizin –, und seine Geschichten sind mehr als *true crime stories*. Er sieht sich in der Tradition eines Physikus, eines Naturgelehrten. Seit Kindheitstagen betätigt er sich als Naturforscher. Er züchtet Fliegenlarven und Bienen, er sezierte und diagnostizierte schon als Jugendlicher seinen toten Hamster (»Drüsenkrebs«), er sucht in den Gebirgen nach Versteinerungen, und wenn er im Wald mit der Familie spazieren geht, führt ihn sein feiner Geruchssinn zu Leichen. Manchmal auch zu jenen von Menschen. »Es menschelt«, sagt Reiter, wenn er den Duft geöffneter Toter beschreibt. Wie der Mensch innen riecht? »Er müffelt. Wie der Schlafsaal eines Pfadfinderlagers.«

Er wird uns in diesem Buch ins Reich der Historiker und Biologen, der Chemiker und Botaniker, der Köche und Zoologen, der Musikwissenschaftler, Historiker und Physiker führen. Er ist, obwohl nicht sonderlich religiös, auch der Wiener Vertrauensmann des Vatikans. Will die Kirche einen Österreicher seligsprechen, was manchmal tatsächlich vorkommt, dann rekognosziert Reiter in ihren Grüften die Knochen. Oder er mumifiziert Heilige mit Wachs, Farbton sudanschwarz.

Wer in Reiters zu Hause im Studierzimmer sitzt, seiner eigenen kleinen Wunderkammer, der erfährt nicht nur über die Werke und Taten seiner Urahnen und Eltern, die ihn an die Gerichtsmedizin heranführten, sondern auch einiges über die Monarchie und über die Republik, über die Moderne und die Reaktion. Und über die kleinen und die großen Persönlichkeiten dieses Landes, die ein Schicksal eint: dass sie eines Tages allenfalls sogar auf seinem Seziertisch landen. Als Hüllen, die Medizinern wie Reiter über die letzten Augenblicke ihres Lebens erzählen und oft auch Geschichte schreiben.

Ich habe Reiter im Lauf meines journalistischen Lebens

immer wieder getroffen. Ich habe mit ihm einmal sogar eine Wirtin seziert. Als ich ihn am Vortag des Termins fragte, welchen Fall er mir tags darauf zeigen wolle, sagte er: »Herr Redakteur, wer morgen bei mir am Tisch liegt, lebt heute noch.« Und das stimmte auch. Die burgenländische Frau, deren Körper Reiter öffnete, fiel nur wenige Stunden nach unserem Telefonat hinter der Schank um, unerwartet, und Reiter klärte auf, dass kein Fremdverschulden festzustellen war, sondern ein krankes Herz.

Ich habe diesen Gelehrten auch als Informanten in meinem Beruf als Journalist schätzen gelernt. Kamen Menschen zu Tode, war er es, der mir seine Einschätzung gab und mich auf die richtige Spur brachte. Ich spürte aber schon bald, dass da noch etwas war: Da saß ein Mann vor mir, der einen Schatz in sich trug. Ein Forscher, der die Natur und damit auch den Tod ganzheitlich betrachtete, als Teil des Universums.

Er ist jemand, der mich jedes Mal aufs Neue staunen lässt, weil er die großen, aber auch die kleinen Zusammenhänge in Erzählungen zu verpacken vermag, mit Charme und Humor, aber nie mit Zynismus gegenüber den Toten oder ihren Hinterbliebenen.

Vor ein paar Jahren kam mir die Idee, das in Fachaufsätzen und Zeitungsberichten verstreute Wissen Reiters einem breiteren Publikum zugänglich zu machen – über einen Podcast, den wir im Falter-Verlag produzierten. Mehr als eine Million Mal wurde diese Sendung bisher gehört. Viele, viele Stunden sprachen wir über seine Fälle und Forschungsarbeiten, über seine Erkenntnisse und seine Kritik an Behörden und Gerichten. Reiter schloss, wenn man so will, an die öffentlichen gerichtsmedizinischen Vorlesungen an. Nicht als Erzähler von Schnurren und Gruselgeschichten, sondern als Aufklärer.

Ich lernte viel über den Menschen und seine Natur, über den Staat und die Macht, über die Religion und die Gesellschaft. Und ich merkte mir vieles, weil Reiter nicht nur Forscher ist, sondern auch ein pointenreicher Erzähler. Seine Geschichten merkt man sich, weil sie mitunter wirklich lustig sind. Sein, wie sollte man ihn hier anders nennen, morbider Schmäh zauberte mir ein Lächeln ins Gesicht – angesichts dessen, was uns alle erwartet: der Quiqui.

So entstand die Idee für dieses Buch. Es ist das Ergebnis von langen Gesprächen, von Begegnungen und Ausflügen in Reiters Welt. Es erzählt in einzelnen Kapiteln die Geschichte dieses bemerkenswerten Mediziners, aber auch die Fälle, die er selbst aufgedeckt, entdeckt und dokumentiert hat. Es ist auch ein Buch über unsere Natur und unsere Geschichte. Beginnen wir in Wien-Hernals, im Haus des Professors.

IN REITERS REICH

Zu ebener Erd in einer unscheinbaren Wiener Gasse liegt in einem schlichten Wohnhaus das Büro des Professors Reiter. Hierher bestellt sich der gerichtsmedizinische Sachverständige im Auftrag der Justiz die Verletzten und Verprügelten ein, die Verunfallten und Verstümmelten. Er erforscht die Ursachen und Folgen ihrer Verletzungen, die Dauer und Intensität ihrer Schmerzen, und er beantwortet die Frage, ob sie vielleicht nur simulieren, um an Geld zu kommen.

Professor Reiter diktiert seine Erkenntnisse in ein altes Diktiergerät, er spricht blumig, keine Bürokratensprache, er beschreibt präzise und bildlich. Er fotografiert die Folgen von Gewalt oder Fahrlässigkeit. Und in seinen Schränken stapeln sich die Akten, es ist ein Archiv des Bösen und der Schicksale. Zirka dreihundert Fälle betrachtet er pro Jahr, fast jeden Tag einen. Dabei ist er als Universitätsprofessor schon in Pension, wie er sagt: in Halbpension.

Wer Reiters Büro betritt, entdeckt an der Wand gerahmte Zeitungsausschnitte. Reiter hat die vergilbten Schlagzeilen stolz zu Collagen zusammengefügt. »Wir haben hier keine Scheu, vom Tod zu reden«, steht über einer Gerichtsreportage, Christian Reiter war darin der Held eines Mordprozesses. Die Zeitungsartikel an den Wänden erzählen über Reiters große Prozesse und seine Kunst des Erklärens: »Der Gutachter führte die Geschworenen durch den Garten der Medizin«, schrieb ein Gerichtsreporter der *Salzburger Nachrichten* über ihn.

»Kommen Sie weiter«, sagt Reiter und führt von seinem Begutachtungsraum in ein dunkles Kabinett, das man früher vielleicht Studierzimmer genannt hätte, ein kleines Reich, das mich ein bisschen an eine Miniatur von Sigmund Freuds Praxis in der Berggasse erinnert. Zwar steht hier keine Couch, aber es finden sich Knochen, Kupferstiche, Nippes und Bücher. Es liegt hier ein zweites gerichtsmedizinisches Museum versteckt, die Sammlung Reiter.

Hier sind die »Dinge, die mein Herz erfreuen«, sagt der Professor und präsentiert stolz seine kleinen, düster beleuchteten Schätze. In offenen Regalen und hinter verglasten hölzernen Vitrinen ruhen Skelettteile und Schädel, an den Wänden hängen Lithografien und Zeichnungen. Sie zeigen Skizzen Erhängter, Bilder aus antiquarischen Lehrbüchern. Die Bücher in Reiters Schränken tragen diese Titel: »Die Gifte in der Weltgeschichte«, »Die ansteckenden Krankheiten«, »Ersticken«, »Geisteskranke Rechtsbrecher« oder »Die Beschleunigungsverletzung der Halswirbelsäule«.

Das sind die Werke, in denen Christian Reiter blättert. »Aber das ist«, beruhigt er, »nur ein Teil meiner Bibliothek.« Oben in seinen Wohnräumen habe er »viel Zoologie, Botanik, Archäologie und Paläontologie«, auch diese Werke braucht er für die Erkundung der letzten Minuten im Leben eines Menschen.

Die Bücher türmen sich hier neben den Früchten von Verbrechen und den Spuren des Todes. Reiter sammelt die Hüllen ausgehauchten Lebens, um das Leben an sich zu verstehen. Schon als Gymnasiast stieg er in die Berge des Salzkammerguts, alte geologische Karten im Gepäck, um Fossilien, Ammoniten und andere Versteinerungen zu finden. Der älteste Fund, ein Dreilappenkrebs aus dem Silur der Karnischen Alpen, 420 Millionen Jahre alt. Daneben Steinplatten mit versteinerten Blättern, da ein Fischchen, dort eine Art versteinerter Tintenfisch.

Im Wald entdeckt einer wie er natürlich die Schädel von Hunden und Katzen, von Dachsen, Füchsen und Mardern, er bückt sich und hebt sie auf und nimmt sie mit. Und das kleine Köpfchen da? Reiter schmunzelt: »Das war einmal die Schildkröte meiner Kindheit, natürlich habe ich sie nach dem Tod seziert. Sie ist an einem Gasbrand nach Verletzung durch ihren stürmischen Partner verstorben.« All diese Bücher, Funde und Asservate, so fährt er fort, »haben buchstäblich meinen Weg gekreuzt«, er habe sie aufgesammelt, weil sie »so schön, so anmutig sind und zum Nachdenken anregen«.

Der Kopf da drüben? Der Schädel gehörte einem Delphin, entdeckt auf einem Fischmarkt in Beruwala, Sri Lanka, »wo Delphine leider als Fake-Thunfische angeboten wurden«. Reiter hat ihn ausgekocht, präpariert, jeden Zahn geputzt und wieder neu eingesetzt, »ist das nicht hübsch?« Wie das Skelett eines Fabelwesens liegt der Kopf des Delphins aus Beruwala nun neben einem Menschenschädel aus der Nähe von Ernstbrunn in Niederösterreich.

Reiter zieht diesen Menschenschädel ganz vorsichtig aus dem Regal und reicht ihn mir. »Heben Sie!«, fordert er mich auf. Wie leicht der Kopf doch ist, wie eine Feder. Reiter nimmt das Stück vorsichtig zurück, hält ihn wie Shakespeares Hamlet in der Hand und erzählt seine Geschichte. Ein Baggerfahrer hatte das Skelett in einer Baugrube bei einem Bauernhof gefunden. Die Bauern gruben das Fundament eines Silos, fanden Knochen, riefen die Polizei, die Mordkommission erschien, wer war der Tote? Niemand wurde vermisst.

In hockender Haltung sei dieser zirka 35-jährige Mann verscharrt worden. Wurde er Opfer eines Verbrechens? Hatten die Bauern damit etwas zu tun? Der Verdacht: Mord. Reiter fand auch Tierknochen neben dem Leichnam und Tonscherben. Die Tat sei aber schon verjährt, beruhigte er die Behörden. Der Mann starb vor dreitausend Jahren, in der Urnenfelderzeit, verdächtigerweise wurde sein Körper trotzdem nicht verbrannt und in einer Urne bestattet, wie es hier um Ernstbrunn tausend Jahre vor Christus üblich war, sondern irgendwer verscharrte ihn am frühgeschichtlichen Müllplatz, genau dort, wo nun der Bauer das Fundament für seinen Silo grub. Reiter schiebt den federleichten Kopf ins Regal zurück und sagt: »Der geht niemandem mehr ab.«

Da ist noch ein Schädel. Gleich hinter Christian Reiters Schreibtisch liegt er, ausgestellt wie in einer Inszenierung von Goethes »Faust«. »Der Kopf eines Soldaten der Napoleonischen Armee, gefallen bei der Schlacht am Wagram im Jahre 1809«, klärt Reiter auf. Er halte das Stück seit Studententagen »in Ehren, heimlich, es ist wohl nicht ganz legal zu mir gelangt«.

Ein Mesner hatte den jungen Medizinstudenten Reiter seinerzeit in einen Karner im Marchfeld geführt. Auf einer Leiter kletterten die beiden hinunter, »das ganze Unterschiff der Kirche war voll mit Knochen«, ein Hades, ein Totenreich, tausende junge Männer liegen hier begraben, ihre Gebeine, eingesammelt auf den Schlachtfeldern, kunstvoll aufeinandergestapelt. »Da habe ich erst realisiert, wie viele Menschen hier bei der Schlacht zu Tode gekommen waren, wie brutal der Krieg hier vor zweihundert Jahren wütete.«

Reiter dreht den Schädel behutsam zu mir: »Sehen Sie die Furche da an seiner Stirn? Der Bursche hatte einen Säbelhieb überlebt.« Er starb nicht bei seiner ersten blutigen Schlacht, sondern hatte schon vorher einmal eine »über die Rübe« bekommen. »Ein überlebter Säbelhieb! Das ist etwas, das man nicht jeden Tag sieht.«

Und gleich hinter Reiters Schreibtisch steht noch ein Kopf, diesmal kein Schädel, sondern die Gipsbüste des Angelo Soliman. Ein Moulageur, ein Bildhauer, der aufgrund von Totenmasken Gesichter rekonstruiert, hatte anhand von Solimans Todesmaske dessen Antlitz nachgebildet. Der Freimaurer und sogenannte »Hofmohr«, vermutlich aus dem heutigen Kongo, ein vom Sklavenkind zum feinfühligen Gelehrten aufgestiegener Freigeist, vieler Sprachen und Musikinstrumente kundig, lebte zu Zeiten Mozarts und Kaiser Josephs II. ein privilegiertes Leben am Hof des Fürsten Liechtenstein in Wien. Nach seinem Tod wurde er entbeint, die Haut gegerbt, mit Stroh ausgestopft und über ein Holzgerüst gespannt, um mit einem Federröckchen bekleidet als »Repräsentant des Menschengeschlechts« neben afrikanischen Tierpräparaten im Museum des Kaisers zur Schau gestellt zu werden. Als sich immer mehr Wiener darüber empörten, wurde sein Körper in einem Kasten auf dem Dachboden der Hofburg verwahrt. Im Rahmen der Bürgerkriegswirren im Herbst 1848 geriet der Dachstuhl der Hofburg in Brand, und somit fand Soliman endlich seine letzte Ruhe. Nur seine Totenmaske aus Gips blieb verschont. Reiter entdeckte darin Haare. Aber dazu später.

UNTER GELBER FLAGGE – DIE PEST IN WIEN

Im Regal gegenüber seinem Schreibtisch hat Reiter noch etwas verwahrt, einen krankhaft deformierten Oberarmkopf, einen menschlichen Knochen. Ein akademischer Maler der Jahrhundertwende hatte ihn galvanisieren lassen – mit Silber überzogen – und darin in roten Lettern seine Initialen eingravieren lassen: »J. W.« – Jakob Wenzl. Das derart verzierte Knochenstück hatte Wenzl als Knauf seines Gehstocks verwendet. »Schön, gell?«, sagt Reiter, »Wenzl war mein Urgroßvater.« Reiter hatte ihn nicht gekannt, aber seine Lebensgeschichte prägte und faszinierte ihn.

Jakob wurde 1865 als Sohn des Ignaz Wenzl geboren. Der war ein begabter Schuhoberteilhersteller in der kleinen Bergbaustadt Platz, heute Místo, an den Südhängen des böhmischen Erzgebirges. Die eleganten Lochmuster für die damals modernen Budapester stellte Ignaz Wenzl her.

Auch der kleine Jakob erwies sich als künstlerisch begabt, sodass ihn die Eltern zur Ausbildung an die Kunstakademie nach Wien schickten. Nach dem Studium arbeitete er als akademischer Maler. Eine Fotografie des Urgroßvaters hängt in

Reiters Studierstube an der Wand, gleich neben Angelo Soliman und dem Schädel des Soldaten der Napoleonischen Armee.

Das Bild zeigt einen ernsten, stämmigen Herrn in seinen Dreißigern, mit kurzen Haaren, gepflegtem Dreitagebart und einem langen Schnauzer, so wie er bei den Herren im Fin de Siècle Mode war. Zum Jackett trug Wenzl eine elegant gebundene Fliege über dem Vatermörderkragen, er war ein »gutbetuchter Bürger«, wie Reiter aus den Erzählungen seiner geliebten Urgroßmutter referiert.

Dreimal heiratete Jakob. Die erste Frau starb nach der Geburt des zweiten Kindes an Kindbettfieber. Die zweite – ihre Schwester –, die sich der Kinder annahm, an Lungenschwindsucht. Die dritte hieß Emma und war erst 17 Jahre alt, als sie den fast vierzigjährigen Jakob ehelichte. Sie war die Tochter eines Greißlers in der Alser Straße, in dessen Geschäft sich Jakob auf dem täglichen Weg vom Atelier am Ottakringer Yppenplatz ins Allgemeine Krankenhaus seine Wurstsemmeln erstand. Wenzl weilte oft in diesem parkähnlichen, unter Joseph II. angelegten Spital.

Er hatte eine »gute Geschäftslage«, wie Reiter erzählt. Bei Ärzten, Pathologen, Gerichtsmedizinern und Forschern war er als Grafiker für deren wissenschaftliche Publikationen gefragt. Er zeichnete pathologische Präparate für Fachbücher ab, er fertigte kunstvoll kolorierte Lithografien von histologischen Schnitten. Reiter forscht noch heute in antiquarischen Buchläden und Zettelkästen, ob er in medizinischen Fachbüchern Wenzl als Illustrator entdeckt. Bis spät in die Nacht arbeitete Wenzl auf der Pathologie, bei schwachem Gaslicht zeichnete er die Organe der Toten. Und eines Abends, erzählt

Reiter, sei er »von oben bis unten voll Blut« heimgekommen, weil er sich »im finsteren Leichenhaus über eine Leich dastessn« hatte.

Ein Obduktionsassistent hatte »vergessen, sie ins Kühlhaus zu schieben«. Mit geöffnetem Körper lag der Tote nach der Obduktion noch am Gang. »Er hat sich zwar nicht weh getan, aber meine Urgroßmutter was not amused, als er so heimkam«, erzählt Reiter, »aber er hatte sich glücklicherweise nicht angesteckt.« Sich anzustecken, das konnte tödlich sein, denn die keimtötenden Antibiotika wurden erst Ende der zwanziger Jahre des zwanzigsten Jahrhunderts entdeckt. Und für ein ganz besonderes Buch kam Wenzl sogar mit der Pest in Kontakt, er zeichnete Pestorgane.

Reiter zieht ein in altes Leder geschlagenes Buch mit dem Titel »Die Beulenpest in Bombay 1897« aus dem Regal und blättert zu Tafel VI, einer kunstvollen Illustration, die mit einem eigens eingelegten Seidenpapier geschützt wird. Sie zeigt, wie ein Register verrät, den »Schnitt von der Milz des Meerschweinchens«, das nach »subcutaner Infection mit einem Pestherd nach 192 Stunden erlegen war«.

Wenzl zeichnete die kleinen schwarzen Pesterreger so minutiös, dass man, wie Reiter mit Stolz erzählt, auf seinen Lithografien »mit der Lupe auf den Bildern Details entdecken kann, die man mit dem freien Auge gar nicht sieht«. Das Meerschweinchen, das Wenzl abgezeichnet hatte, lebte 1897 in einem medizinischen Versuchsstall gleich neben dem Wiener Narrenturm, der einst so revolutionären Psychiatrieanstalt. Es löste einen Skandal aus.

Die Forscher hatten den Nager mit einer »kleinen Menge einer Pestcultur auf eine Stelle der Haut einer Extremität eingerieben«, wie in einem Bericht festgehalten wurde. Und aufgrund einer Unachtsamkeit eines vermutlich betrunkenen Tierwärters, Franz Barisch sein Name, 27 Jahre alt, wohnhaft in einer Dienstwohnung im Narrenturm, versetzte das bissige Nagetier ganz Wien in Angst und Schrecken.

Wer in den Zeitungsarchiven und Augenzeugenberichten jener Zeit kramt, stößt auf eine tieftraurige, schaurige und zugleich berührende Skandalgeschichte, die »große Kreise der Bevölkerung« im Wien der frühen Moderne »erzittern ließ«, wie das *Znaimer Tagblatt* es seinerzeit formulierte. Auch die Politik bezog Stellung: Deutschnationale verspotteten jüdische Ärzte, sogar Bürgermeister Karl Lueger mischte sich ein und wollte das AKH abreißen lassen. Die Geschichte des Meerschweinchens, das Reiters Urgroßvater abzeichnete, erzählt auch von einer wissenschaftlichen Community der Wiener Moderne, die internationale Studienreisen in exotische Länder unternahm, um Impfungen zu entwickeln. Sie zeigt aber auch, auf erschreckend aktuelle Art, wie Fake News verbreitet wurden.

Wie also kam »die kleine Menge einer Pestcultur« auf das Beinchen des Meerschweinchens, und wieso wird das Nagetier am Ende drei jungen Menschen das Leben kosten, einem Tierpfleger, einem Arzt und einer jungen Krankenwärterin?

Die Geschichte, auf die mich Reiter stößt, beginnt 1896 in Bombay, in Bon Bahia, der schönen Bucht, wie Mumbai damals von den portugiesischen Kolonialisten genannt wurde. In der indischen Metropole raffte seinerzeit eine Pestepidemie, vermutlich eingeschleppt über Hongkong, bereits mehr als zehntausend Inder dahin, elf Millionen sollten sterben. Da muslimische Pilger die Erkrankung nach Mekka verschleppten, fürchteten auch die habsburgischen Sanitätshofräte im fernen Wien die Ausbreitung der Seuche. Etwa durch die in die Provinz Bosnien und Herzegowina heimkehrenden Mekka-Reisenden. Oder durch die großen Schiffe, in deren Lagerräumen Ratten nisteten.

Sehr viel wusste man zu jener Zeit nicht über ansteckende Krankheiten. Bei der letzten Pestepidemie in Wien des 18. Jahrhunderts glaubten viele der Ärzte noch, die vier Körpersäfte, »Schleim, Blut, schwarze und gelbe Galle«, und eine »innere Fäulnis« des Organismus rufe die Krankheit hervor. Von Hygiene und der Übertragung von Krankheiten durch Ratten, Flöhe und Tröpfcheninfektion wussten die städtischen Ärzte wenig.

Langsam entdeckten die Wissenschaftler der Moderne, der Chemiker Louis Pasteur, der Hygieniker Robert Koch oder der Frauenarzt Ignaz Semmelweis, dass die tristen hygienischen Zustände in den Metropolen Seuchen gedeihen ließen, wohl auch die Pest. Und dann, 1894, wurde man des Pestkeimes erstmals ansichtig. Der Tropenarzt Alexandre Yersin hatte die »Samen der Pest« unter seinem Mikroskop entdeckt: kleine Stäbchen, schwarzweiß gescheckt. Durch Blut, Erbrochenes, Exkremente, aber vor allem durch die Atemluft verbreiten sie sich. Die Ärzte jener Zeit wollten mehr wissen über diese Krankheit, die sich in der zunehmend vernetzten Welt erneut auszubreiten drohte.

So kam es, dass zwei Jahre später die Kaiserliche Akademie der Wissenschaften eine »Pest-Kommission«, bestehend aus vier Ärzten, nach Indien entsandte, darunter der erst 31 Jahre alte Infektiologe Dr. Hermann Franz Müller. Fotos zeigen einen ernsten jungen Mediziner mit hoher Stirn, Zwicker auf der Nase und nach oben gezwirbeltem Schnauzbart. Seine Begleiter waren Männer mit Zylinderhüten und Bärten. Sie trugen Laborgeräte bei sich und einen Fotoapparat.

Die Pest-Kommission hatte den Auftrag, »in klinischer, anatomischer und bakteriologischer Hinsicht die in Bombay damals wüthende Volksseuche auf das genaueste zu studiren und zwar ganz im Geiste und nach der Methode, in welcher die genannten Disciplinen an der Wiener Schule tradirt werden«. Sie sollten ein Serum entwickeln – eine Waffe gegen die Pest.

Müller reiste mit drei anderen Ärzten nach Triest und ging an Bord des Lloyd-Eildampfers Imperator. Ein Gemälde zeigt das dreimastige Dampfschiff auf hoher See. Die vier Mediziner reisten natürlich allein und in Kabinen Erster Klasse. Mit damals spektakulären viertausend PS konnte das Schiff rund 15 Knoten, dreißig Kilometer pro Stunde, erreichen. Am 3. Februar 1897 legten die Österreicher ab, 17 Tage später landeten sie in Bombay.

Die Ärzte waren fasziniert von der feuchten, übervölkerten und schrillen Stadt. Sie fotografierten die nackten Pestkranken und ihre Beulen, zapften Blut ab, maßen Puls und Temperatur, sicherten Sekrete und Gewebeproben in Phiolen. Sie richteten sich im St.-Arthur-Road-Hospital regelrecht ein, waren umringt von Pestkranken, von Siechen und Sterbenden und ihren Familien. Auf den Straßen drängten sich Bettler und Prediger, Elefanten und Ratten. Sie zu töten war den Hindus aufgrund ihres Glaubens an die Seelenwanderung untersagt, nicht einmal Experimente durften die Wiener an den Tieren durchführen.

Die Flöhe wurden von den Hindus abgelesen und auf den

Boden gesetzt, die Ratten geschont. Erst Jahre später wurden sogenannte Rattenhäuser gebaut, in denen weibliche und männliche Tiere bis zu ihrem Tode getrennt untergebracht wurden, damit sie sich nicht vermehren. Das hatten die Götter nicht verboten. Auch eine Schutzimpfung mit abgetöteten Pesterregern lehnten die Hindus ab, weil das Serum aus Rinderblut hergestellt worden wäre.

Bis zu elf Millionen Menschen, so rechnete die Medizinhistorikerin Ulrike Enke in einer Studie über eine deutsche Bombay-Expedition nach, raffte die Pest in Indien dahin. Infizierte Ratten aus asiatischen Häfen wurden mit Handelsschiffen quer über die Welt verschleppt, nach San Francisco, Durban, Buenos Aires und Sydney. Doktor Müller schrieb im St.-Arthur-Road-Hospital derweil die Krankengeschichten von 86 Pestkranken nieder. Nach getaner Dokumentation, am 1. Mai 1897, reiste die Delegation wieder mit der Imperator zurück, diesmal aber unter gelber Flagge, dem Zeichen für ein Schiff unter Quarantäne.

In Wien infizierten die Forscher vorsätzlich hunderte Versuchstiere, ein Register zählt sie auf: Meerschweinchen, Kaninchen, Ratten, Mäuse, Hunde, Hyänen, Katzen, Schweine, Affen, Vögel, Schlangen, Eidechsen, Frösche. Sie erkundeten die Biologie, die Morphologie und die Lebensfähigkeit des Pestbazillus. Am 4. Oktober, als die Forscher mit den Untersuchungen fast fertig waren, lebten in jenem Tierstall neben dem Narrenturm nur noch ein paar infizierte Nager, darunter jenes Meerschweinchen, dessen Milz Jakob Wenzl, Reiters Urgroßvater, illustrieren sollte.

Am 14. Oktober kam der Tierpfleger Franz Barisch abends in den Stall, um es zu füttern. Sturzbetrunken soll er gewesen sein, unvorsichtig. Weil er nicht aufpasste, zwickte ihn das Nagetier in den Finger, aus zwei Bissspuren drang Blut. Barisch vertuschte den Vorfall, er habe sich mit einem Hammer auf den Finger geklopft, schwindelte er seinen Arzt an. Auch seiner Frau Maria erzählte er nur, erkältet zu sein, selbst als er schon vor Fieberschüben zu bibbern begann. Er sei ein »besonders gewissenhafter Wärter« gewesen, schreiben auch die Ärzte der Pest-Expedition in ihrem Bericht. Sie übertrugen ihm schließlich eine verantwortungsvolle Aufgabe. Hätte er den Tierstall nicht ordnungsgemäß verschlossen, wären die Ratten möglicherweise in die Wiener Kanalisation entschwunden. »Im Allgemeinen war Barisch ernstlich bemüht, seine Dienstverrichtungen in der vorgeschriebenen Weise auszuführen«, er hatte »auch volles Verständnis für die Wichtigkeit der angeordneten Vorsichts- und Desinfektionsmaßregeln und sogar Interesse für die wissenschaftlichen Untersuchungen.«

Das antisemitische *Deutsche Volksblatt* wird Barisch hingegen als »bekannten Quartalsäufer« beschreiben, als einen, der »unbeaufsichtigt in einem Laboratorium, mitten in einem der größten Krankenhäuser einer Weltstadt, in einem Institute, in dem Pestbacillen gezüchtet werden mit der Aufsicht und Reinigung der gefährlichsten Apparate betraut worden« sei. »Was mag der Mann in seinem Dusel schon alles veranlasst haben!«

Barisch wurde immer fiebriger in seiner kalten Wohnung im vierten Stock des Narrenturms im alten Allgemeinen Krankenhaus, die Ärzte attestierten zunächst Influenza, fanden dann aber seltsamerweise »eigenthümliche Gebilde«. Dozent Hermann Müller, der Arzt, der in Bombay so gewissenhaft gearbeitet hatte, ließ Barisch mit einer Tragbahre in ein Isolierzimmer des AKH bringen, ein schwerer Fehler, wie sich später herausstellte. Dort pflegten ihn zwei Krankenwärterinnen, eine davon eine alte, herrische Frau namens Johanna Hochecker. Und die ihr zur Ausbildung überantwortete, erst 21 Jahre alte Albine Pecha. Die wollte eigentlich gar nicht im Spital arbeiten, sondern einem betagten Gutsbesitzer, den sie als Zimmermädchen in Karlsbad kennengelernt hatte, nach Irland folgen. Aber sie brauchte eine schnelle Ausbildung in Krankenpflege, um ihn dort betreuen zu können. Albine träumte vom besseren Leben. Aber dieser Traum war bald geplatzt.

Barisch röchelt, er wird blau, er übergibt sich, wird schwächer. Die Ärzte sind zunehmend beunruhigt. Müller ahnt, dass Barisch an Pest erkrankt ist, aber sicher ist er sich nicht. Er will verantwortungsvoll kommunizieren und die verstörende Nachricht in der Öffentlichkeit erst verbreiten, wenn sie sich als zutreffend erweist. Untersuchungen an Ratten mit Barischs Sputum zeigen noch keinen endgültigen Befund. Barisch bleibt im Allgemeinen Krankenhaus, die Isolierstation, auf der er röchelt, liegt zwischen zwei Krankensälen voller Patienten. Die hygienischen Bedingungen reichen nicht. Die Schwestern tragen seine Exkremente im Kübel hinaus, stehen neben ihm, als er erbricht. Hochecker und Pecha sind im Grund ungeschützt. Sie binden ihre Hände zwar in sublimatgetränkte Fetzen, sind den Keimen in dem kleinen, schlecht belüfteten Isolationszimmer aber schutzlos ausgeliefert.

Barisch fällt immer mehr in sich zusammen, die Pestbeulen wachsen im Bereich seines Unterleibes, er wird blau und stirbt schließlich am 18. Oktober 1897 im AKH. Sein Tod wird zunächst geheim gehalten, »vertuscht«, wie die Wiener Boulevardblätter später nicht ganz zu Unrecht kritisieren. Sie schießen sich aber nicht auf den übervorsichtigen Müller ein, sondern auf Hermann Nothnagel, den Direktor der 1. Medizinischen Klinik des AKH, den sie als »Sargnagel« verhöhnen. Obwohl selbst kein Jude, wird er im Wien des Bürgermeisters Karl Lueger vom *Deutschen Volksblatt* als Schützling der »Judenpresse« diffamiert. Es seien jüdische Ärzte, die die Seuche nach Wien tragen, Brunnenvergifter, das war der unausgesprochene – und falsche – Vorwurf.

Am 19. Oktober dann endlich die Gewissheit: In Barischs Körper war die Pest, das AKH-Direktorium verfällt in Panik. Denn Barisch, so fürchteten die Ärzte, könnte nicht mehr der einzige Pestinfizierte sein. Hat er seine Frau angesteckt? Die Krankenschwestern? Den ihn behandelnden Seuchenmediziner Hermann Müller, den nach Bombay gereisten Arzt? Haben die den Keim schon weitergetragen? Was ist mit den Patienten neben der Isolierstation des AKH? Hat sich die Pest in Wien schon verbreitet. »Wien erzittert«, schreibt das *Volksblatt.*

Seuchenarzt Müller, die attraktive Krankenschwesterschülerin Pecha und die alte Hochecker werden in Quarantäne gesteckt, sie mussten vom Allgemeinen Krankenhaus am Alsergrund in die sogenannte Exspektanzbaracke übersiedeln, die sich im nagelneuen Favoritener Kaiser-Franz-Josef-Spital befand. Es streckte sich noch weit vor den Toren Wiens hinter einer langen Mauer hin, unweit der Lager der Wienerberger Ziegelfabrik. Dort hausten die sogenannten Ziegelböhm in Baracken, ausgebeutete Arbeiter aus dem heutigen Tschechien. Ein junger Arzt namens Viktor Adler enthüllte in einer investigativen Reportage für die *Arbeiter-Zeitung* ihr »Not und ihr Elend«.

Die Isolationsbaracke und das neue Spital waren ein Gegenentwurf zu den Elendsquartieren der Ziegelböhm. Ein moderner Pavillon lag hinter einer Mauer und einem Eisengitter. Die Wände waren aus »Gipsdielen«, die mit Injektionslösungen gereinigt werden konnten, der Boden war mit Klinkerplatten gedeckt, die Betten und Tischchen waren aus Metall, um besser desinfiziert werden zu können. Rund um den Pavillon spannten die Ärzte ein Seil, Wachen patrouillierten, damit kein Kiebitz den Abgesonderten zu nahe kommt.

Ununterbrochen, so schrieb der an Ort und Stelle befindliche Assistenzarzt Dr. Severin Schilder in ein erst 1935 veröffentlichtes Protokoll, »läutete der Telephonapparat«. Die Redaktionen der Wiener Tageszeitungen hatten Wind davon bekommen, dass hier zwei Pestkranke untergebracht werden sollten. Assistenzarzt Schilder hat deren Ankunft genau dokumentiert. Der Wagen mit den Pestkranken sei im Kaiser-Franz-Josef-Spital von »zwei ärztlichen Radfahrern« empfangen worden, schon »öffnet sich das dunkle Tor der Infektionsabteilung, und das bedeutungsvolle Fuhrwerk kommt bis dicht an die Exspektanzbaracke heran, die samt dem umgebenden Rasenplatz durch einen von Baum zu Baum gespannten Strick abgegrenzt ist. Der Wagenschlag geht auf, und Doktor Müller schwingt sich leichtfüßig herab.«

Etwas »angegriffen und blass« habe der Kollege ausgesehen, vermerkt Schilder in seinem Bericht. Dann sieht er Albine Pecha, das junge Mädchen. Ihre Körpertemperatur beträgt bereits 38,2 Grad, sie klagt über Kopfschmerzen. Schilder schreibt: »Ob ihre Augen in Tränen schwimmen oder nur vom Fieber so erglänzen, lässt sich nicht entscheiden. Sie fällt allen durch ihre vorteilhafte Erscheinung und gute Haltung wie

Kleidung angenehm auf. Ziemlich hochgewachsen, von fast junonischer Fülle, das sehr schöne, gewellte Blondhaar im Nacken zu einem griechischen Knoten geschwungen, so schreitet sie im sauberen weißen Kurzrock, lackierten Halbschuhen und schwarzen Strümpfen, die ihre natürlichen Gaben aufs Beste zu Geltung bringen in jenes Gelass, das ihr Sterbezimmer werden sollte.«

Ein Illustrator erscheint auf dem Spitalsgelände und porträtiert sie aus der Ferne. Postkarten der Pecha, damals offenbar bei den Wienern wie Heiligenbildchen begehrt, kann man heute noch im Internet um vier Euro kaufen.

Die Stadt bangt mit dem berühmten Arzt Müller und der Pflegerin. Und die beiden fiebern buchstäblich ihrem Tod entgegen. Minister, Stadtphysikus und Journalisten erkundigen sich abwechselnd im Spital. Tag für Tag berichten Zeitungen über das Drama, drucken Fieberkurven, zitieren aus letzten Abschiedsbriefen, streuen Gerüchte. Laut dem *Deutschen Volksblatt* drohe eine Pestepidemie wegen der Fahrlässigkeit der Ärzte, die mitten in Wien mit Pestbazillen experimentieren statt draußen auf dem Land.

Auch Doktor Schilder notiert detailliert in sein Tagebuch. Etwa das letzte Gespräch mit seinem Vorgesetzten Dr. Müller, der in der Baracke lebt. Es ist der Dialog eines Dramas.

Schilder an Müller: »Bazillen sind bis jetzt bei Ihnen nicht gefunden worden!«

Müller: »Aber was reden Sie denn da? Spielen Sie doch keine Komödie, ich habe ja ganz lockeres rötliches Sputum. Woher soll denn das auf einmal kommen? Und woher das Fieber? Das ist Pestpneumonie, das muß ich am besten wissen, habe sie doch auch in Bombay gesehen. Da gibt's keine Zweifel!«

Schilder: »Vielleicht ist es dennoch etwas anderes?«

Müller: »Nein, nein, es ist aus mit mir! Von der Pestpneumomie ist noch niemand aufgekommen, die Sterblichkeit ist hundert Prozent – in fünf Tagen bin ich tot (...) Lassen Sie mich sterben, ohne Komödie!«

Pecha und Müller empfangen einen Priester, doch der Gottesdiener darf nur durch ein geschlossenes Fenster die Sterbesakramente erteilen.

Eine Pflegeschwester dient Pecha bei der Beichte »als Mittelsperson«, das Mädchen beichtet nur eine symbolische Sünde. Dann erteilt der Priester durch die Scheibe die Absolution, eine Hostie wird auf einen Teller in ein Tuch gelegt. Doktor Müller sitzt derweil auf seinem Bett, die Hände auf den Knien. »Seine Augen werden feucht, als ihn der Priester fragt, ob er allen vergebe, wie Gott ihm vergibt«, notiert sein Assistent Schilder in seinen Memoiren.

Müller schreibt wie ein zum Tode Verurteilter seine Abschiedsbriefe an die Eltern, den Bruder, die Schwester. »Ich möchte, um niemanden zu gefährden, auf einem Scheiterhaufen verbrannt werden. Die Asche ist zu sammeln, nochmals zu desinfizieren und bei der Großmutter in Döbling zu begraben!« Seinem Bruder Otto, einem bekannten Wiener Polizeioffizier, trägt er auf, dem siebzig Jahre alten »Dienstmädchen Herlitzka« warme Winterschuhe zu kaufen, »denn es wird kalt, und die Alte ist sehr empfindlich«.

Am 23. Oktober stirbt Müller. Eine Woche später folgt ihm die Pflegerin Pecha nach. In einem Nachruf heißt es: »Eine trübe Stimmung liegt über Wien. Die Kliniken sind geschlossen, denn die Wissenschaft hat zwei Menschenleben gefordert.« Wenn Heldentum darin begründet liege, »dass man

Opfer seines Berufes werde«, so hätten die beiden Toten Heldenruhm errungen. Müllers Asche liegt in einem Ehrengrab der Stadt Wien, neben ihm ruht die kremierte Albine Pecha. Eine Büste im alten Allgemeinen Krankenhaus erinnert an ihn. Auf sie wurde vergessen.

Christian Reiter legt das dünne weiße Seidenpapier auf den von seinem Urgroßvater Jakob Wenzl gezeichneten Pestbazillus des Meerschweinchens und klappt den Band zu. Und dann verrät er, dass ihn im Jahr 1994 ein Anruf ereilte. Im westindischen Surat sei der Pesterreger wieder aufgetaucht. Hundert Tote, zweihundert Infizierte zählten die indischen Behörden. Die Wiener Magistratsbürokratie geriet in Sorge. »Es könne sein, dass in irgendeinem Wiener Hotel ein Inder nächtige, der infiziert sei«, hatte eine Beamtin Reiter gewarnt und ihn umgehend »zum Pestbeauftragten Wiens« ernannt. Einen logistischen Plan für die ganze Stadt hätte er erarbeiten sollen. Reiter lächelt milde und sagt: »Vermutlich hätten wir dann das Hotel mit dem Flammenwerfer desinfiziert.« Die Zeichnungen seines Urgroßvaters hätten aber seine »visuelle Datenbank so aufgefrischt, dass ich auch einen Pesttoten erkannt hätte«.

Als der Erste Weltkrieg und die Monarchie 1918 ihr Ende finden, schlägt auch Reiters Urgroßvater die letzte Stunde. Im Alter von 53 Jahren stirbt Jakob Wenzl an den Folgen von Diabetes, seine Frau Emma war da gerade 34 Jahre alt, die beiden hatten ein gemeinsames Kind, Valerie, die Großmutter Reiters. Sie lebten weiter am Yppenplatz 8, einem Zinshaus in Ottakring. Emma verdingte sich in der Zwischenkriegszeit damit, den Haushalt einer betuchten Apothekerfamilie zu führen. Vor den Fenstern des Hauses wird in jenen Jahren ein

Bunker gegraben, Frauen, Alte und Kinder suchten dort Deckung. Der Ehemann Valeries, Reiters Großvater, wird an die Ostfront geschickt und fällt in Stalingrad.

In Wien tobt der Krieg nur kurz. Anders als andere Städte Hitlerdeutschlands wird Wien nicht komplett zerstört. Einige Häuser um den Yppenplatz werden bombardiert, Haus Nummer 8 bleibt verschont. Vielleicht auch deshalb, weil Reiters Großmütter einen Erlass der Stadtverwaltung befolgten, wonach sämtliche Dachböden von brandgefährdenden Gegenständen zu räumen seien. Also stiegen die beiden Frauen ins Dachgeschoß. Dort entdeckten sie die geheimen Schätze des Jakob Wenzl, eine pathologisch-gerichtsmedizinische Sammlung.

»Er hat ja viele Präparate gezeichnet«, erzählt Reiter. Die Ärzte und die Pathologen hätten Körperteile »in einem Glasl gebracht« und gesagt: »Machen Sie mir davon eine schöne Abbildung! Die Präparate waren in Formaldehyd oder Alkohol eingelegt, und die Auftraggeber haben sie dann nicht mehr abgeholt, sie hatten ja jetzt ihre Lithografien und brauchten die Modelle nicht mehr.« So fanden die Körperteile vieler Menschen im Gebälk des Hauses am Yppenplatz ihre letzte Ruhe, zumindest bis die Alliierten mit ihren Geschwadern kamen, um die Stadt von den Nazis zu befreien.

Hunderte Gläser mit menschlichen Organen, Föten oder »Kindesleichen mit irgendwelchen Missbildungen« entdeckten die Frauen, sie packte das Grauen. Sollen sie den Fund den Behörden melden? Würden die Gestapo oder vielleicht später die Russen ihnen glauben, dass Jakob Wenzl die Körperteile nur abgemalt hatte? Oder würden sie die Aufmerksamkeit des NS-Regimes und seiner gefürchteten Exekutive auf sich ziehen? »Man wollte ja mit denen nichts zu tun haben«, sagt Reiter.

Emma und Valerie, Urgroßmutter und Großmutter, schmieden daher einen Plan. Sie schleppen die Präparate heimlich über das Stiegenhaus hinunter in ihre Küche und schütten Formalin und Alkohol in den Abfluss. »Die Präparate haben sie dann in der Küche am Schneidbrettl in kleine Bröckerl zerschnitten. Und meine Großmutter hat mir immer erzählt, wie sehr ihr gegraust hat, da irgendwelche Körperteile in kleine Gulaschstückerln zu zerschneiden.« In der Nacht sei sie »mit einer Einkaufstasche auf die Reichsbrücke gegangen und hat die Leichenteile in die Donau geschmissen«. Reiter fragte sie später: »Du, Oma, habt's ihr euch da nicht überlegt, dass euch ein Polizist aufhalten hätte können und sagen, was haben Sie in der Tasche? Weil dann wärt's wahrscheinlich nicht nur ins Gefängnis gekommen, sondern da hättet's vielleicht auch die Todesstrafe kriegen können. Weil wenn ihr mit einer zerschnittenen Kindesleiche von der Gestapo auf der Reichsbrücke gefunden werdet's, wo ihr was hineinschmeißt's – sehr riskant.« Die Großmütter aber antworteten: »Nana, das war die beste Methode.«

Die Großmütter haben leider noch etwas anderes vernichtet. Die unzähligen Probedrucke jener Bücher, die Wenzl illustrierte. Von jedem Werk, das er gestaltete, bekam er seinerzeit ein Musterexemplar. Auch diese Werke waren auf dem Dachboden gelagert und galten als entflammbar.

Großmutter Emma gestand: »Wir haben sie alle verheizt. Erstens haben wir nichts zum Heizen gehabt. Und zweitens musste der Dachboden geräumt werden.« Was für Schätze, meine Güte, trauert Reiter noch heute: »Ich bin überzeugt davon, dass da viele Präparate dabei gewesen sind, die eigentlich ins Museum, in den Narrenturm gehört hätten.« Dort, wo einst der Diener Barisch wohnte und besoffen auf die siebenhundert Versuchstiere aufpasste, ehe ihn eines in die Hand biss, ist heute ein Museum.

DIE UNTOTEN

Auch Reiters Großmutter Valerie setzte einen Schritt ins Reich der Ärzte, auch sie war Stationsgehilfin wie einst Albine Pecha. Sie arbeitete im Wilhelminenspital, dort, wo die Stadt ausfranst in den Wienerwald. Sie musste ihre Tochter Inge, Reiters Mutter, durch die Nachkriegszeit bringen. Valerie war eine Frau ihrer Zeit. Trümmerfrauen wie sie trugen zum raschen Wiederaufbau der österreichischen Wirtschaft bei, oder wie Reiter es formuliert: »Sie hat aus nichts etwas machen können.«

Sie sammelte die Essensreste der Patienten in sogenannten Menagegeschirren, trug diese zu ihrem »Grabeland«, das waren jene kleinen Grünlandparzellen, die den Wienern in der NS-Zeit zur Selbstversorgung zugeteilt wurden. Valerie zog ihr Gemüse und fütterte die Hasen mit den Küchenresten aus dem Wilhelminenspital. Sie hatte eine hervorragende Hasenzucht, die Leute haben ihr das Fleisch im Schleichhandel förmlich aus den Händen gerissen, erzählt Reiter. Man gab ihr Geld dafür, aber auch Getreide. Daraus buk sie Brot und braute Bier. »Ihr Bier war enorm beliebt.« So hat sie sich mit Schwarzhandel in der Nachkriegszeit über die Runden gebracht.

Am Flötzersteig ergatterte sie einen Schrebergarten, ein Privileg im Roten Wien. »Dort bin ich in der Kleinkindzeit herangewachsen«, erzählt Reiter. Die Großmutter hat im Wilhelminenspital gearbeitet, die Mutter versah Dienst im Wiener Magistrat, der Vater in einem Textilunternehmen. Und Reiters Urgroßmutter Emma, jenes Mädchen, das früh geheiratet hatte, nahm sich liebevoll um Christian an. Er nannte sie Uma, er verehrte sie. Sie war davon überzeugt, »ein Kind gehöre an die frische Luft«, und frische Luft gab es im Wien der späten fünfziger Jahre eben vor allem am Friedhof. »Daher ist die Uma mit mir tagein, tagaus auf den Ottakringer Friedhof gegangen, ich kenne ihn auswendig.«

Da fand die nächste Prägung des späteren Gerichtsmediziners Christian Reiter statt. »Beim Pflegen der Gräber hat sie mir von ihren hier begrabenen Schwestern und ihrem Mann erzählt, vom Jakob und der Urgroßtante. Ich lehnte neben diesen polierten Grabplatten«, sagt Reiter, »und hörte mir das alles an.« Er hatte seine Matchbox-Autos dabei. »Die konnte ich auf diesen glatten Steinen schön rollen lassen, da sie seitlich abschüssig sind.«

Und während Christian Reiter spielte und in sich versank, malte er sich aus, wie all die Toten aussehen, die unter den Grabplatten liegen. »Wie haben sich ihre Gesichter verändert? Sind sie älter geworden? Schauen sie immer noch so aus wie früher?« Das hat auch die Uma nicht gewusst, wer hatte damals schon Tote gesehen? Höchstens die Studenten im Gerichtsmedizinischen Museum. »Deshalb habe ich mir die Toten wie Schneewittchen im Glassarg vorgestellt, friedlich schlafend, unberührt.«

Gewissheit hatte Christian Reiter nicht, woher auch?

»Schon in meiner Kindheit schlummerte dieser Wunsch zu erfahren, wie ein Mensch nach dem Sterben aussieht, was mit ihm dann geschieht und ob er zerfällt.« Dieser Wunsch »wurde wachgeküsst, als ich Gerichtsmediziner wurde. Ich gestehe, dass ich mich immer darum gerissen habe, Exhumierungen zu machen. Mein Glück war, dass den meisten meiner Kollegen davor eher graust.«

Reiter schmunzelt, wenn er diese Geschichte erzählt. Denn er weiß natürlich, dass die Toten unten in der Erde, irgendwann wir alle, nicht wie Schneewittchen aussehen. Aber über sehr lange Zeit wussten das die meisten Menschen nicht. Lange dachten sie, wir zerfallen innerhalb weniger Tage zu Staub.

»Schauen Sie«, sagt Reiter und zieht Obduktionsberichte aus einer Mappe, verfasst von einem »Contagionsarzt« und einem »Feldscherer«, einem Seuchenmediziner und einem Wundheiler. Dreihundert Jahre sind die Berichte alt, Contagionsarzt Glaser erzählt darin, was er gesehen hat, als er die »Truchen« der Toten öffnete.

Wir schreiben das Jahr 1731. Die Aufklärung und der aufgeklärte Absolutismus der Maria Theresia werden in den nächsten Dekaden Europa und die Welt verändern. Damals aber, im Barock, fürchteten sich selbst die stärksten Männer des Balkans immer noch vor blutsaugenden Teufeln, die nächtens aus Gräbern steigen.

Am Anfang des 18. Jahrhunderts, als das Morden und Metzeln während der Türkenkriege 1718 durch den Frieden von Passarowitz beendet worden war, saßen die Heiducken an der Südostgrenze zum Osmanischen Reich, dort, wo heute Serbien liegt. Sie beschützten Habsburgs Eroberungen. Die Heiducken waren zwar furchtlose Freischärler und Söldner, aber sie waren abergläubisch und hatten in den dreißiger Jahren des 18. Jahrhunderts auf einmal panische Angst vor Vampiren.

Eine mysteriöse Todesserie in dem Dorf Medveđa löste so große Angst unter der Bevölkerung aus, dass die Wehrbauern dem Kaiserhof in Wien damit drohten, die Stellungen zu verlassen. Die Grenze zum Osmanischen Reich wäre ungesichert gewesen. In Medveđa, gelegen zwischen Belgrad und Niš, am Nordufer der Morava, soll sich damals etwas Unheimliches zugetragen haben. Untote, sogenannte »Vampyre«, würden nächtens den Lebenden das Blut aus den Körpern saugen, und zwar so inniglich, dass »am Hals dunkle Knutschflecken zu sehen waren«, erzählt Christian Reiter.

So steht es auch in den Protokollen jener Zeit, die im Wiener Hofkammerarchiv lagern; eine Kopie davon liegt auf Reiters Tisch. Er hat die darin akribisch beschriebenen Fälle analysiert und versucht, dem Geheimnis des Vampyrismus auf die Spur zu kommen. War es wirklich nur Aberglaube, wovon die Leute berichteten? Oder hatte der Vampyrismus einen wahren Kern? Gab es Untote? Oder Menschen, die anderen das Blut aussaugten? War ein Verbrechen die Ursache der Todesserie? Oder etwas anderes?

Immer wieder drangen vor allem aus dem heutigen Serbien und Bulgarien Meldungen über Vampyre an den Wiener Hof. Dieser entsandte sachverständige Ärzte, um die Angelegenheit an Ort und Stelle aufzuklären. Der Seuchenarzt Dr. Glaser bekam den Auftrag, die Gräber der »Untoten« zu öffnen und eine Leichenschau durchzuführen.

Die Vampyre standen im Verdacht, Alte und Schwache, Mütter im Wochenbett, aber auch ganz junge, gesunde Menschen in den Dörfern hinweggerafft zu haben. Auch Schafe,

Ziegen, Rinder hätten die Teufel ausgesaugt. Eine »Vervampyrungsepidemie« habe in Serbien geherrscht, erzählt Reiter. Mehr als ein Dutzend Menschen des kleinen Dorfes fieberten, delirierten, träumten von Untoten, die aus den Gräbern steigen, sich auf die Brust ihrer Opfer setzen, ihnen den Hals zuschnüren und sie zu Tode küssen, ihnen die Lebenskraft aussaugen. Die Bevölkerung hatte gegen die Epidemie ein Rezept: Ausgraben der Untoten, Pfahl durchs Herz, Abschlagen der Köpfe, am Scheiterhaufen verbrennen. Das war die Praxis, um sich vor Vampyren zu schützen. 1731 brach dann in Medveđa die Vampyr-Seuche aus.

Glaser erschien, um die Toten auszugraben. Schriftlich dokumentierte er, was er sah. Öffnen wir mit ihm den Sarg jener Frau, mit der alles begonnen haben soll: Miliza, etwa fünfzig Jahre alt, vielleicht auch sechzig, eine Geburtsurkunde gab es nicht. Sie habe nichts »diabolisches geglaubet, oder gekünstlet«, sondern nur »zwei Schaff gegessen (…) welche die Vampyres umgebracht«. Durch das Verspeisen sei sie selbst zum Vampyr geworden. Sieben Wochen sei sie nach ihrem Tod im Grab gelegen, und zwar »in keiner Truchen, sondern bloß in feichter Erden«. Sie hätte doch schon längst verwest sein müssen, glaubten die Ärzte, »alleine sie war noch vollkommen, das Maul offen habend, das helle frische Bluth auß Nasen und Maul herausgelassen, der Leib noch aufgeblasen und mit Bluth unterlaufen, welches suspect vorkommet«.

Sie ist nicht die Einzige. Da ist eine junge Mutter namens Stanno, die nach dem Gebären gestorben sei, auch sie von Vampyren getötet. Oder Ruschiza, »ein Weib von 40 Jahren«. Glaser notiert, sie sei »halb suspect«. »Peter, ein Künd von 15 Tag alt«, hingegen »sehr suspect«.

Glaser begutachtete die Leichen nur äußerlich. Die Obduktion erledigte ein Wundarzt, ein sogenannter Feldscherer namens Flückinger vom Militärkommando Belgrad. Feldschere waren dafür da, die Verletzten auf den Schlachtfeldern zu versorgen. Sie lernten ein paar medizinische Grundbegriffe und das Amputieren von Gliedmaßen. Und sie sollten dafür sorgen, dass keine Seuchen ausbrechen. Feldscher Flückinger berichtete der Obrigkeit zunächst von den Erzählungen der Dorfbewohner, wonach ein Heiduck namens Arnout Paole schon vor Jahren von Vampyren »geplagt« worden wäre. Er habe im Wahn die »Erden des Vampyrs Grabes gegessen« und sich »mit dessen Blut geschmiret«, um endlich erlöst zu werden.

Arnout Paole starb unter mysteriösen Umständen, beim Sturz von seinem eigenen Heuwagen hatte er sich das Genick gebrochen. Vierzig Tage nach der Beerdigung grub man ihn aus und erschrak, weil er »ganz vollkommen und unverweesen« war. Auch ihm sei Blut aus Augen, Nase und Mund geflossen, das Totenhemd war blutgetränkt, im Sarg sei das Blut geschwommen, die Fingernägel seien ihm abgefallen und neue gewachsen. Die Heiducken seien überzeugt gewesen, dass »er ein würcklicher vampyr seye«. Daher: Pfahl durch das Herz! Gekrächzt hätte der Leichnam beim Pfählen. Die Heiducken verbrannten den armen toten Teufel und warfen die Reste zurück ins Grab.

Die geöffneten Gräber offenbarten den blanken Horror. Miliza lag drei Monate unter der Erde, aber ihre Haut war noch rosa, zart und faltenfrei. Verwundert waren die Dorfbewohner »über ihren fettn und vollkomenenen leib«. Einhellig bekundeten sie, »das (...) das weib (...) zeit ihres lebens ganz mager und ausgedört außgesehen« habe. Ist sie im Sarg fett geworden, weil sie die Lebenden nächtens ausgesaugt hat? Dazu passte, was vor dem Öffnen beim Horchen am Sargdeckel vernommen worden war, nämlich ein Schmatzen und Schlucken, ein Kauen und Grunzen. Bei toten Männern kam noch etwas Unerhörtes hinzu, die »wilden Zeichen der Erektion«, eine »Vergrößerung des Penis«.

13 Menschen sind binnen kürzester Zeit in dem Dorf gestorben, zählte Reiter nach. Vor allem Frauen und Kinder starben zum Teil qualvoll. Da war Joviza, der von seiner Schwiegertochter Stanoika erzählte, die von einem verstorbenen Burschen namens Milloe nächtens aufgesucht und »gewürget« worden sei. Da war das »Weib Russa«, da waren der kleine Joachim, der drei Tage nach einem Gastmahl verstarb. Oder ein »Mägdelein von 10 Jahren«, das völlig »unverweesen« in der Erde lag »und in der Brust villes frisches Geblüeth« hatte.

Was war geschehen?, fragte sich Reiter, wieso sterben so viele Menschen, haben Knutschflecken am Hals und delirierten? Wieso liegen in den Gräbern schmatzende Leichen mit rosa Haut, die beim Einsargen noch schlank waren und auf einmal dick geworden sind? Und warum haben einige der Betroffenen zuvor Schafe gegessen oder waren nach einem Festmahl verstorben? Wieso starben die Wöchnerinnen und hatten blutige Flüssigkeiten in der Brusthöhle?

Wieso sahen sie alle nicht so aus wie Schneewittchen im Glassarg? Oder zumindest wie die toten Soldaten auf den Schlachtfeldern. Das Volk wusste, wie Leichen aussehen. In wenigen Wochen sind sie skelettiert. Auf den Schlachtfeldern sah man das oft.

Reiter hatte einen Verdacht. Zunächst forschte er nach dem

damals herrschenden Klima: Und tatsächlich zeigen die Jahresringe in Baumscheiben jener Zeit, dass der Sommer 1731 sehr heiß gewesen war. »Die Schafe der Heiducken mussten sich mit Disteln zufriedengeben und im Erdreich nach Wurzeln suchen.« Und im Erdreich schlummerte der Tod. Nicht in Gestalt von Vampyren, sondern in Gestalt des Bacillus anthracis. Dessen Sporen überleben Jahrzehnte im Erdboden und lösen, wie der Hygieniker Robert Koch hundert Jahre später herausgefunden hat, eine heimtückische Krankheit aus: den Milzbrand.

Koch hat den Erreger 1876 entdeckt, er ist eine Zoonose, eine Krankheit, die vom Tier auf den Menschen und umgekehrt übertragbar ist. Und sein Kollege Louis Pasteur erkannte, dass Schafe schneller an Milzbrand erkranken, wenn sie im Maul Verletzungen aufweisen, verursacht etwa durch das Mampfen von Disteln. Die infizierten Schafe wiederum übertrugen den Milzbrand auf den Menschen – in Form luftgetrockneter Schafwürste oder bei Schlachtungen durch Berührung von Fell und dem Konsum von unzureichend gekochtem beziehungsweise gebratenem Fleisch.

Zu jener Zeit wurden im Herbst die schwachen, möglicherweise kranken Tiere gegessen, weil man befürchtete, sie nicht über den Winter zu bringen. Der Brauch des Ganslessens zu Martini, sagt Reiter, rühre wohl auch daher.

Der Fall war relativ einfach zu lösen: Miliza, die erste Tote, hatte verseuchtes Schaffleisch gegessen und etliche Bewohner angesteckt. Frauen im Wochenbett und ihre Neugeborenen waren zu schwach, die Krankheit zu überleben.

Bleibt eine Frage: Wieso schmatzen die Leichen im Grab? Wieso spucken sie Blut? Wieso haben sie Erektionen? Reiter lächelt: »Das kenne ich aus der täglichen Praxis. Für einen Gerichtsmediziner ist dieses Erscheinungsbild, dass eine magere Person nach dem Tod voluminös wird, dass sich ein Penis aufbläht, völlig normal.« Das seien die Folgen von Fäulnisprozessen. Reiter: »Bei der Fäulnis kommt es zur Gasentwicklung, und so werden Magere durch die Gase aufgeblasen. Es kommt auch zu einem Gaseintritt in den Hodensack und in den Penis.«

Und die rosa Haut? Die Oberhaut der Leichen gehe »zigarettenpapierartig ab«. Darunter liegt die Lederhaut. »Die ist rosa und glänzend und glatt.«

Und das Schmatzen? »Die Leichen schmatzen, weil die Gase aus der Lunge über die Atemwege nach oben austreten. Ist Flüssigkeit im Rachen, dann entsteht ein blubberndes Geräusch, das wie Schmatzen klingt.«

Das war die Hexerei an der Grenze zwischen dem Habsburgerreich und dem Osmanischen Reich. Wo etliche Schlachten geschlagen worden sind und Tiere wie Menschen auf den Felder verendeten, gab es eine Milzbrand-Epidemie. Wer die körperlichen Folgen des Milzbrand-Erregers sehen will, sagt Reiter, könne das pathologische Museum im Narrenturm besuchen, es liegt gleich neben dem gerichtsmedizinischen Institut. Dort, wo der pestkranke Tierpfleger Barisch seine Dienstwohnung hatte, sind fünfzigtausend Objekte zu sehen, darunter kolorierte Gipsabdrücke von entzündeten Gedärmen, Pusteln und Geschwüre der Haut und Lungenentzündungen nach Einatmen jenes Bakteriums, das die Heiducken »Vampyr« genannt haben.

SENSENGASSE 2 – DER HADES VON WIEN

Es ist ein trüber Herbstmorgen, Christian Reiter erwartet mich diesmal nicht in seinem Studierzimmer, sondern an der Adresse Sensengasse 2, seinem früheren Arbeitsplatz. Er wird mich frühmorgens durch die Seziersäle und die gerichtsmedizinische Sammlung führen. Hier züchtete er Fliegenlarven, hier sezierte er zirka zehntausend Menschen, um zu klären, ob sie eines natürlichen Todes starben oder aufgrund von »Fremdverschulden«

Das Institut für Gerichtsmedizin residiert neben dem ehemaligen k.k. Garnisonsspital, links und rechts stehen zwei Anbauten aus den sechziger Jahren. Als ich vor fast einem Vierteljahrhundert das letzte Mal die Seziersäle betreten habe, um mit Reiter eine Radiosendung aufzunehmen, stank es hier nach Verwesung und Tod. Das Leichenhaus, sagte Reiter damals sarkastisch, »ist schon ein bisserl abgelebt«. Das war eine Untertreibung. Es war in einem desaströsen Zustand, kaputtgespart, die Leichen lagen nackt am Gang herum.

Das ist heute Geschichte. Das Institut ist renoviert. So wie der Campus des alten Allgemeinen Krankenhauses, an dessen Ende die Gerichtsmedizin untergebracht ist. Und so wie der

Narrenturm, der über Jahrzehnte vor sich hin moderte. Gerichtsmedizin, AKH und Narrenturm sind nur ein paar Gebäude eines einst nahezu revolutionär-modernen Spitalsbezirks, erbaut unter dem Habsburgerkaiser Joseph II.

Zwischen der Spitalgasse, der Lazarettgasse, der Sensengasse schuf der aufgeklärte Monarch ein Zentrum der modernen Medizin. Große Reformer, wie der 1745 geborene Johann Peter Frank begründeten die »medizinische Polizey«, ein öffentliches Gesundheitswesen und eine Sozialmedizin, die die Armut als die »tödlichste Krankheit der Welt« erkannte. Hier forschten die Mediziner der Wiener Moderne, die Straßen ringsum tragen ihre Namen. Hier führten aber auch Nazi-Ärzte Eingriffe an jenen Menschen durch, die sie als »erbbiologisch minderwertig« klassifizierten.

Reiter forschte hier nicht nur im Auftrag der Wissenschaft oder der Medizin über den Tod, er untersuchte auch Knochen und Schädel von Menschen, die schon lange gestorben waren, die er enterdigte, die er aus Grüften holte oder die – auch das kam vor – einfach gestohlen wurden, so wie Mary Vetsera, die Geliebte des Thronfolgers Rudolf.

Adelige, Komponisten, Pfarrer, mehr oder weniger Berühmtheiten, die die Geschichte der Stadt und des Landes prägten, landeten hier auf dem Tisch – zumindest lagen ihre Reliquien unter Reiters Mikroskop: Paracelus, Ludwig van Beethoven, Wolfgang Amadeus Mozart, Franz Schubert oder Ötzi, der Mann aus dem Eis. Auch ihn hat Reiter untersucht.

Für zwei Stunden ist Reiter mein Führer durch dieses Totenreich. Einige, die hierherkamen, haben das Haus nie wieder verlassen, manche von ihnen landeten in Teilen in der Sammlung des gerichtsmedizinischen Instituts.

Etwa das Präparat Nummer 10. »Es wurde beim Abmähen eines Getreidefeldes vollkommen vertrocknet aufgefunden«, erklärt Christian Reiter. Wir stehen vor einer spindeldürren, kleingewachsenen erwachsenen Frau, der Kopf reicht uns gerade einmal bis zu den Schultern, »verstorben zwischen den Jahren 1850 bis 1870, genau lässt sich das nicht rekonstruieren«. Sie wurde außerhalb der Stadtmauern Wiens aufgefunden, dort, wo einst der Pulverturm stand und heute die besseren Wiener Viertel liegen. Der Pulverturm, verrät die Stadtchronik, ist 1779 »bei einer Explosion in die Luft geflogen, als hätte man zu gleicher Zeit tausend Kanonen abgefeuert«. 92 Menschen mussten sterben, rund um den zerstörten Bezirk wuchs eine Gstätten, und in der Grünfläche fand man rund hundert Jahre später die Mumie dieser kleinen Frau.

Kein Tier hat an ihr genagt, kein Insekt hat sie bis heute zersetzt, sie muss sofort – wohl im Winter – ausgetrocknet sein. Und weil diese kleine Frau so anmutig war und ihre Identität nie geklärt wurde, stellte man sie in die gerichtsmedizinische Sammlung. Wie eine Statue bewacht sie das Museum, den Blick nach unten gerichtet, den Mund geöffnet, trägt sie das lange dünne Haar offen.

Mediziner verwandelten ihren Körper in ein Präparat, schnitten ihn mittels Vertikalschnitt auf, klammerten die Hälften mit einem Scharnier zusammen – »wir können sie aufklappen«, erklärt Christian Reiter und öffnet die Mumie wie ein dreidimensionales anatomisches Lehrbuch. Man sieht dann ihre Wirbelsäule und vertrocknete Eingeweide, sieht in das Innere ihres Schädels. Es sind Einblicke, die vor 150 Jahren selten waren. Reiter sagt: »Und dann ist da noch etwas …«

Während des Sommers, wenn das Sonnenlicht die Fenster

des meterhohen Saales flutet, bildet sich unter den Füßen der kleinen Frau eine kleine Pfütze, so, als ob sie schwitzte. »Riechen sie es?«, fragt Reiter und nähert sich mit der Nase dem Körper, »sie riecht ein bisschen nach Salami.« Das sei nichts Ungewöhnliches. Mumien seien im Grund Fleisch, dem man Flüssigkeit entzogen habe. »Wie Speck?«, frage ich. »Ja«, erklärt Reiter, wenn man früher am Land »in der Selch oder in der Speis Rauchfleisch aufgehängt hat, dann hat es auch geschwitzt.«

Nummer 10 ist eines von 2500 Präparaten, die hier im Institut in der Sensengasse 2 verwahrt sind. Gerhard Roth, der Schriftsteller, bemerkte in seiner Reportage über dieses Museum, hier seien »wie auf einer Bühne Tragödien von Verbrechen, Verrat, Einsamkeit, Verzweiflung, Eifersucht und Hass« zu sehen. Man kann es anders betrachten: Der Saal ist nicht nur die Dokumentation des Bösen, sondern auch das Reich der Aufklärung. Es ist die älteste und bedeutendste gerichtsmedizinische Studiensammlung der Welt.

Man betritt diesen für die Öffentlichkeit unzugänglichen Saal über eine unscheinbare Tür, von ihr führen links und rechts zwei Treppen ins Totenreich hinab, am Rande der Stufen stehen die Skelette von Hingerichteten neben jenen von Mordopfern, Kriegstote sind hier zu sehen und Wasserleichen. Sie stecken noch in ihren alten Lederstiefeln. Das Museum, sagt Reiter, sei die »Bibliothek von Alexandria im Fachgebiet Gerichtsmedizin«. Jedes Exponat ist ein Buch, das der Tod geschrieben hat, um den Lebenden zu helfen.

Die Seiten, die hier aufgeschlagen werden, bestünden, so schreibt Ernst Hausner in einem gewaltigen Bildband zu dem Museum, »zumeist aus Fleisch und Blut, sie präsentieren die

Resultate von Taten und Tatwerkzeugen, herbeigeführten oder schicksalhaften Ereignissen, sie zeigen (in Teilen) vor allem die Betroffenen«. Die Täter, so bemerkt er, bleiben trotz all der Realität ihres Wirkens »zuerst ins Unsichtbare entrückt«.

In fünf Reihen sind hier Glaskästen aufgestellt, in denen Gerichtsmediziner die Asservate nach einzelnen Kapiteln gerichtsmedizinischer Lehrbücher geordnet haben. Hier ruhen »Knochenpräparate, Trockenpräparate, Feuchtpräparate, Korrosionspräparate, Injektionspräparate, Aufhellungspräparate und Moulagen, Modellplastiken und Gipsabformungen«. Daneben bewachen groteske Fettwachsleichen, mumifizierte Kinder, eingetrocknete Tiere oder sogar Schrumpfköpfe – »der Zwidere« und »der Gmiatliche«, wie Reiter sie nennt – diesen Hades, bestehend aus den Einzelteilen von Mitmenschen.

Es ist völlig ruhig in diesem Saal, bis auf ein gespenstisches Knacken, das durch das »arbeitende Holz« der Balken des Hörsaals verursacht wird, wie Professor Reiter erklärt. Es durchbricht die Stille, die auch dem Respekt vor den Toten geschuldet ist. Neben den Mumien und den in Formalin gelegten Körperteilen ruhen hier dutzende Totenköpfe, die von Verbrechern eingeschlagen wurden, aber mit Drähten wieder kunstvoll zusammengesetzt worden sind, damit Studenten an ihnen lernen konnten. Sie seien »mazeriert« worden, sagt Reiter, ausgekocht und als Trockenpräparate verwahrt. Und später »sind sie zwar identifiziert, aber nicht mehr bestattet worden«. So fanden sie hier ihre ewige Ruhe.

Welchem Zweck dienen diese Präparate heute? Wozu brauchen wir sie, frage ich Reiter, während wir von der Eisentreppe auf diese Sammlung hinabschauen. Das Museum archiviert eine Kulturgeschichte der Not und des Verbrechens, führt Reiter aus. Es dokumentiere die Leidensgeschichten der Opfer, nicht selten armer Frauen und ihrer Kinder. Es gebe Fälle, die man heute im Seziersaal nicht mehr sehen könne und schon gar nicht als museale Präparate aufheben könne: die Fettwachsleiche in den Stiefeln etwa. Sie sei nach vielen Jahren im Museum eines Tages von Käferlarven befallen worden. Man habe sie bedampft und von Ungeziefer befreit, denn »wo gibt es so etwas noch zu sehen?«

Die Studierenden könnten hier Todesursachen sehen, die es Gott sei Dank nicht mehr zu beklagen gebe. Wenn sich ein junger Gerichtsmediziner über das gesamte Spektrum der Todesarten informieren möchte, auch historischer Mordmethoden, »dann hat er hier die Möglichkeit, anhand der Präparate diese Wissenslücken zu füllen«. Man könne hier »im Wortsinn etwas, was man noch nicht kennt, begreifen, angreifen, anschauen«.

Bedächtig und mit dem notwendigen Ernst schreiten wir zwischen den Glasvitrinen, die auf mich wie Glassärge eines kleinen Friedhofs wirken. Sie sind zwar nicht mit den Namen der Verstorbenen beschriftet, sondern erzählen von der Phantasie und der Mordlust des Menschen. »Verbrennung mit Schwefelsäure, Eifersuchtsattentat des Gatten, verstorben nach acht Tagen«, lese ich auf einem Asservat. Man sehe hier die Hautveränderungen an der Brustkorbvorderseite einer Frau, sagt Reiter, die »Säure-Abrinnspuren«. Daneben ein paar Regale mit »Verätzungen der oberen Verdauungswege«.

Früher, erklärt Reiter, lagerten in den Küchen unter der Abwasch alle möglichen Substanzen, die man im Haushalt gebraucht hat, etwa Salzsäure oder Natronlauge. Hausfrauen, die aus dem Leben scheiden wollten, »es aber nicht übers Herz brachten, sich zu erhängen«, tranken von der Säure und starben einen qualvollen Tod. Reiter zeigt nun auf Leberpräparate, die Spuren von Phosphorvergiftungen dokumentieren. Wieder eine Todesart, die es heute nicht mehr zu sehen gebe, erzählt Reiter und berichtet von einem Stubenmädchen, das »ungewollt schwanger geworden ist und ein paar Schachterln Zündhölzer in einem Reinderl am Herd erwärmt« habe, um den Phosphor zu schmelzen und diesen als Abtreibungsmittel zu trinken. Die Organe sind handwerklich kunstvoll arrangiert, mit dünnen unsichtbaren Schnüren aufgespannt, wirken sie, als würden sie in den Glaszylindern schweben.

In den unteren Reihen der Regale sind sogar tätowierte Hodensäcke und Penise ausgestellt, offenbar haben die Gerichtsmediziner früher Interesse an den Stücken gefunden. Ich lese später in Hausners Bildband nach, dass man von manchen Toten offenbar noch bis in die siebziger Jahre Präparate anfertigte. Die Akte eines in Alkohol gelegten Geschlechtsteils vermerkt: »1951, gestorben an Schädelbruch, Verkehrsunfall. Fahrerflucht«. Noch 1976 schnitt man einem Toten den Penis samt Hodensack ab und konservierte ihn, offenbar weil er einen »an der Vorhaut befestigten Schweinsborstenanhänger« trug, ein Piercing, das damals als Kuriosum galt. Der Mann sei durch Schüsse schwer verletzt worden und starb im Spital. »Nur für meinen Schatz Kathy«, »Nur für Damen«, ist auf konservierten Häuten zu lesen.

All die Ornamente, Blumen, Heiligenbilder und Widmungen erinnern Reiter an »naive Bauernmalerei«, an »Hinterglasmalerei«, an »gestickte Deckerln mit Kreuzstich«. Gerichtsmediziner seien »große Fans des Tätowierens, weil es dadurch wesentlich leichter ist, unbekannte Leichen zu identifizieren«. Für einen Gerichtsmediziner seien Tätowierungen daher etwas Feines, sie erleichtern die Arbeit. Und natürlich waren sie einst etwas Seltenes, aber auch etwas Ethnographisches, das man nicht so einfach wieder in den Sarg legen wollte.

Wir schreiten von einer Vitrine zur nächsten, Neugier vertreibt das anfängliche Grausen. Ich studiere und notiere die Beschriftungen der menschlichen Körperteile, weil sie auch Aufschluss geben über das Schicksalhafte, aber auch das Grausame unserer menschlichen Existenz. »Zerreißung des Herzens durch Sturz aus dem zweiten Stock«, »sexuell motivierte Bisswunden bei Lustmord«, »abgebissener Daumen«, »Schleifspuren am Schuhwerk und an den bloß gelegten Knochen eines Fußes durch Treiben in der Donau«, »nach dem Tode vom eigenen Hund angenagt«, »Fruchtabtreibung«. Es sind jene Menschen, die am Vortag nicht wussten, was ihnen tags darauf widerfahren wird. Jeder von uns könnte hier ausgestellt sein, wäre er vor mehr als fünfzig Jahren gestorben.

Wir halten bei zwei Kindern, die am Dachboden entsorgt und von Nagern angebissen wurden; sie liegen in der Vitrine, die den Tod von Kindern und Säuglingen dokumentiert. Armut, medizinische Unterversorgung und wohl auch Scham hat den hier ausgestellten Babys das kurze Leben gekostet. »Kindsmord durch Erdrosseln«, »Kindsmord durch Halsdurchschneiden«, »Kindsmord durch Erschlagen« und »Kindsmord durch Faustschlag«. Reiter hebt ganz vorsichtig diesen einen kleinen Totenkopf aus dem Regal, er ist dünn wie Papier: »Wir wissen, wie eingeschlagene Schädel bei Erwachsenen ausschauen. Aber wir wissen aus der täglichen Erfahrung wenig, wie es aussieht, wenn ein erwachsener Mensch auf den Schädel eines fünf Monate alten Kindes mit der Faust schlägt.« Hier können wir es studieren.

Nur ein paar Schritte weiter zwei »verblindete« Kästen, in ihnen lagert die sogenannte »Systematische Sammlung verschiedener Hymenalformen«. Erst vor einigen Jahren wurden diese Schränke mit weißen Folien blickdicht gemacht. Während die männlichen Gemächte in den unteren Regalreihen wie Kunstwerke ausgestellt werden, sind die weiblichen Organe schamhaft versteckt. Wir lassen den Kasten verschlossen, aber ich erinnere mich noch an den Besuch aus Studententagen: Die Genitalien waren wie seltene Schmetterlinge aufgespannt. Die Sammlung irritierte schon damals. Reiter erklärt, die Gerichtsmedizin habe bis in die achtziger Jahre von der Justiz die Aufgabe übertragen bekommen, nach Sexualdelikten den »Zustand der Jungfräulichkeit« zu untersuchen. Schon damals, erzählt er, sei dieser Auftrag den Ärzten zutiefst zuwider gewesen. »Wir haben wieder eine Defloration. Die Polizei kommt mit dem Opfer in einer halben Stunde«, hieß es, »und viele Kollegen haben sich mit einem dicken Buch am Klo eingesperrt und waren längere Zeit nicht greifbar.« Bis Anfang des zwanzigsten Jahrhunderts seien »nichtdeflorierte und deflorierte Hymen« bei Obduktionen »rausgeschnitten und aufgespannt« worden, um Gerichtsmediziner dadurch auszubilden, Vergewaltigungen aufzuklären. Mit der DNA-Methode sei dieser Befundbereich obsolet geworden, sagt Reiter, »aber jetzt haben wir zwei Kästen mit diesen Präparaten und fangen nichts mehr damit an, weil wir sie nicht brauchen«. Umgekehrt seien sie »ein Zeichen ihrer Zeit, ein Kulturdenkmal, das wir aufbewahren müssen«. Als Mahnmal einer patriarchal-gewalttätigen Gesellschaft und einer Justiz, die von dieser geprägt war.

Wir schlendern an der Totenmaske von Luigi Lucheni vorbei, dem Hilfsarbeiter und Anarchisten, der im Alter von 26 Jahren Elisabeth, die Kaiserin von Österreich, mit einer Feile erstach. Daneben der Kasten mit den »Stich- und Schnittverletzungen«. Wien besitze »die größte Sammlung von Schädeln nach Selbstmord durch Erhacken«, klärt Reiter auf und deutet auf ein Asservat: »Wir sehen, dass hier sicherlich hunderte Male auf den Kopf geschlagen wurde, so lange, bis der Knochen so zertrümmert war.« Selbstmord durch Erhacken sei fast immer mit Schizophrenie kombiniert.

Die Beschriftungen der Totenschädel in den Glasvitrinen lauten folgendermaßen: »Zahlreiche Hiebe mit Bügeleisen«, »Mit einer Holzhacke erschlagen«, »Hiebe mit Steinklopfer«, »Spatenhiebe«, »Von der Dampftramway überfahren«, »Mit Maurerhammer erschlagen«, »Hiebe mit Schmiedehammer«, »Mit einem Holzprügel erschlagen«. Zwei nebeneinander ruhende Schädel tragen rosa Zahnprotesen. »Sohn erschlug seine beiden Eltern mit einem 2 Kilo Gewicht.« Ob das einstige Ehepaar je damit gerechnet hat, hier in dieser Form die letzte Ruhe zu finden? Reiter sagt: »Damals wurden diese Köpfe auf richterlichen Beschluss als Beweismittel für den Prozess abgetrennt, ausgekocht, aufgehoben und dann nicht mehr bestattet. Hier im Museum haben sie ihre letzte, auch bedeutungsvolle Ruhestätte gefunden.«

Wir schreiten weiter. Reiter zeigt auf ein offenes Regal: »Dieser Kasten umfasst den Themenkreis Mumifizierung.«

Ägyptische Köpfe schauen uns mit zornig aufgerissenen Mündern an. Kein Wunder, angesichts des Frevels der Nachwelt. Apotheker aus ganz Europa beauftragten Grabräuber, Mumienschädel zu exportieren. Warum? Reiter holt aus. Ägyptische Mumien seien nicht nur mit Natron eingesalzen, sondern auch mit Erdpech konserviert worden. Die Hirne seien entfernt, die Köpfe mit »Mum« gefüllt worden, Erdpech, Bitumen. Apotheker verarbeiteten es zu Zugsalbe, wenn sich Menschen einen Schiefer eingezogen hatten, aber auch als Medikament bei Durchfall. »Eine sehr archaische Medizin«, sagt Reiter, aber »Mumia vera pulverisata« war begehrt. Immer wieder entdecke die Polizei Mumien oder mumifizierte Präparate auf Dachböden oder in Mülltonnen. Reiter zieht nun ein mumifiziertes Bein aus dem Regal. Vor einigen Jahren wurde es in einer Mülltonne im Nobelbezirk Wien-Döbling gefunden.

»Was sagen Sie dazu?«, fragte ihn die Polizei.

Reiter antwortete: »Es ist eindeutig eine untere Extremität, wobei die Proportionen nicht ganz passen.« Fersenbein, eine Wachstumsfuge, kein erwachsenes Individuum. Ein Kleinwüchsiger? Ein Kind?

»Nein, dafür war der Fuß zu groß.« Reiter entdeckte bei Röntgenuntersuchungen im Fuß Knöchelchen, die eigentlich dort nicht hingehören – sogenannte Sesambeine, kugelige, zusätzliche Knochenstrukturen, die der menschliche Fuß nicht kennt. Ein Veterinär löste das Rätsel. »Das ist der Fuß eines Bären.« Eine Familie hatte Bärenschinken aus Slowenien importiert und nach dem Verzehr die Knochen weggeschmissen. »So kam der Hinterlauf des Bären in unseren Besitz.«

Das Knacken im Gebälk hat aufgehört. Es ist still in diesem

Saal, in dem die Wissenschaft den Tod aufklärt und zugleich der Vergänglichkeit und der Verwesung trotzt. Aber nicht alles hier ist tot. Es gibt auch Leben. Speckkäfer würden sich hier »immer irgendwo durchwurschteln« und die Mumien und Fettwachsleichen riechen. Sie alle stünden in Gefahr, dass sie aufgefressen werden. Mit einer Pyrethrumbombe habe man die Käfer deshalb hier »ausgegast«. Wenn die Leichen hier kaputtgehen, sagt Reiter, »dann können wir uns ja nicht einfach auf dem Friedhof neue holen«.

DER KAISER UND SEIN GUGLHUPF

»Hier ist der Guglhupf«, sagt Reiter und deutet aus einem Gangfenster des gerichtsmedizinischen Instituts hinaus in den Hof auf den Narrenturm, »er wirft seinen Schatten auf die Gerichtsmedizin.«

Die gerichtsmedizinische Sammlung ist nicht das einzige Totenreich, das Christian Reiter prägt und beschäftigt. Das Erdreich, das um den Rundbau aufgeschüttet ist, drückt noch heute auf die Bausubstanz der Gerichtsmedizin, insbesondere auf das Leichenhaus, es erzeugt Risse und Spannungen. Reiter meint das auch metaphorisch, es ist ihm wichtig, bei unserem Spaziergang die Geschichte des benachbarten Gebäudes einzubeziehen. Wohl auch, weil sie zeigt, wo die Grenzen der Medizin, aber auch die Grenzen des Menschen und seines humanen Seins liegen. Brutalität, Aberglaube und Unwissen sollten hier durch Aufklärung, Reformwille und den Glauben an die Wissenschaft abgelöst werden.

Der Narrenturm erzählt nicht nur über das unsägliche Leid, das psychisch kranke Menschen durch die Medizin erlitten hatten – und zwar bis in die Mitte des zwanzigsten Jahrhunderts –, sondern auch die immer wiederkehrenden Bemühungen der fortschrittlichen Medizin, dem Leiden ein Ende zu setzen.

Er beherbergt, so wie das gerichtsmedizinische Institut, tausende pathologische Präparate von Missgebildeten und Kranken, sogar ein fünfjähriges Mädchen findet sich darin, erkrankt an einer seltenen Hautkrankheit. »Das letzte existierende Stopfpräparat, eine Menschenhaut, ausgestopft und über ein Holzgerüst gespannt«, wie Reiter ausführt. Man kann die Patientin heute nicht mehr angaffen wie früher, in Hausners Bildband ist dieses Kind abgebildet. Nackt steht es da und blickt mit seinen Glasaugen in die Ferne. Ein damals berühmter Anatom namens Josef Barth hat um 1800 dem Mädchen offenbar die Haut abgezogen, gegerbt und aufgespannt. Wie ein seltenes Tier im Naturhistorischen Museum steht das Kind da.

Heute spazieren Besuchergruppen, unter ihnen viele Schüler, durch eine pädagogisch korrekt kuratierte Ausstellung im Erdgeschoß. Von dem ausgestopften Kind erfahren sie nichts. Dort, wo einst die Deserteure inhaftiert waren, ist ein Museumsshop, der Kitsch und Klimbim aus China vertreibt.

Diese kleine Burg, das vergisst man in diesem Shop fast, beherbergte einst psychisch Kranke und geistig Behinderte. Genau genommen waren sie auch hier weggesperrt. Wie Tiere hatte man manche angekettet und auf Stroh gebettet. Die Exkremente fielen durch in den Boden eingelassene Löcher. Das Essen reichten die Wärter kleingeschnitten durch ein verriegeltes Gitterfenster, ohne Besteck. So manchen exotischen Kreaturen im Tiergarten Schönbrunn ging es damals besser. Zwanzig Tonnen Eisen, so vermerkt eine Chronik, wurden erst 1839 vom damaligen Primarius der Irrenabteilung entsorgt: Gittertüren und Ringe zum Anketten der Kranken. Gerhard Roth zitiert einen historischen Bericht über den Narrenturm, in dem von »größter Unreinlichkeit«, von »scheußlichem und unerträglichem Gestank« die Rede ist. Ein »Heulen und Brüllen« sei zu hören gewesen, von Menschen, die an Beinen, Händen und sogar am Hals »auf die grauenhafteste Weise« gefesselt gewesen seien.

»Und doch war der Narrenturm eine Verbesserung«, klärt mich Professor Reiter auf, »weil Joseph II., der große Reformer, die Menschen aus den Verliesen holte.« Hier galten sie nicht mehr als Bestien, die man in sogenannten Narrenkottern am Hohen Markt, einem zentralen Wiener Platz, verspottete, sondern als Patienten, als Kranke, die zu heilen wären.

Höchstpersönlich hatte Joseph II. Anweisung gegeben, dieses Gebäude zu errichten. 28 Einzelzellen sind in jedem Stockwerk an der Außenfront, und in der Mitte des Rings befindet sich ein Gebäude, das exakt danach ausgerichtet ist, wo am Tag der Eröffnung anno 1784 der Nordstern stand.

Der Kaiser selbst ordnete an, wo welche Patienten unterzubringen sind. In der obersten Etage des »Irrenthurmes« saßen die Kranken in sieben Kammern »angeschmiedet«. In den Geschoßen darunter waren die »Unruhigen«, die »ganz Ruhigen und teilweise incurablen Männer« und zu ebener Erd die »Militär-Irren«, meist Deserteure. Und oben, in einem mittlerweile abgerissenen achteckigen Dachtürmchen, saß bisweilen die lungenkranke Majestät höchstpersönlich. Joseph II. blickte, die »Narren von Wien« unter sich, in den Sternenhimmel.

»Der Narrenturm war sein Experiment, eine Idee, die er aus Paris mitgenommen hat«, so Reiter. Unter dem Decknamen Graf von Falkenstein reiste Joseph II. 1777 nach Paris zu einer seiner vielen Inspektionsfahrten. Seiner Schwester Marie-Antoinette und seinem Schwager Ludwig XVI. wollte er das Sexualleben erläutern, da sie immer noch kinderlos waren. Joseph II. lernte dabei das Projekt des Hôtel-Dieu kennen, das große Pariser Zentralkrankenhaus, das fünftausend Patienten in etwa 1200 Betten versorgen sollte. Dieses baute er in Wien nach, allerdings in einer besseren Form, und zwar genau dort, wo während der Türkenkriege das »Großarmen- und Invalidenhaus« errichtet worden war. »Jedem sein eigenes Bett«, lautete die Order. Schon 1784 bot das AKH der Wiener Bevölkerung zweitausend Betten. Zubauten folgten nach und nach. Weltweite Geltung erlangte hier im 19. Jahrhundert die Zweite Wiener Medizinische Schule, unterrichtet wurde am Krankenbett und am Seziertisch und später eben anhand der medizinischen Sammlungen.

Die ringförmige Architektur, so Reiters Hypothese, verdankt der sogenannte Guglhupf, wie die Wiener den Turm bis heute nennen, vielleicht auch dem Pariser Chemiker und Naturforscher Antoine Laurent de Lavoisier, der 1774 die Gasgesetze entdeckte, wonach warme Luft aufsteigt: Werden Krankheiten, wie von Hippokrates beschrieben, durch Luft übertragen, so kann man versuchen, diese böse Luft wieder aus dem Körper auszuleiten. Das war die Idee der bösen Luft, der Miasmen, der *mal aria*.

Wenn also die Miasmen über Luft übertragen werden und der Gesunde daran erkrankt, dann könnte man ja die Krankheiten aus den Körpern wieder ausleiten, indem man die Gasgesetze nutzt und die schlechte Luft absaugt, so die Theorie. Aus diesem Grund hatte man in Paris in Erwägung gezogen, ein Krankenhaus in Form eines Rauchfanges zu bauen. Die

Kranken sollten im Sog eines Kamins ihre Krankheiten verlieren.

Joseph II. wollte eine »psychiatrische Anstalt« bauen, die nach diesen Gesetzen die Geisteskrankheit aus den Körpern »drainiere«. Damit in diesem System auch Luft zirkuliert, hat man im Keller des Narrenturms – »ich war einmal unten, das ist extrem eng und bedrückend« – eine Heizanlage eingerichtet und das Erdreich für den Keller neben der Gerichtsmedizin aufgeschüttet. Aufgrund der schlechten Belüftung der Heizanlage wären die Insassen fast an einer Kohlenmonoxidvergiftung erstickt.

Das Pilotprojekt »Miasmenausleitung« wurde deshalb abgebrochen. Die Anlage war vor allem eine Verwahrungsanstalt für Geisteskranke, und als auch diese in einer neuen psychiatrischen Einrichtung behandelt wurden, diente der Narrenturm als Wohnhaus für Personal und später als pathologisches Bundesmuseum. Die weltberühmte pathologisch-anatomische Sammlung menschlicher Exponate wurde nach 1945 skurrilerweise dem Naturhistorischen Museum überschrieben, jener Einrichtung, die der Sammlung und Erforschung der Natur dient. In den Schaukästen liegen 42 000 Präparate, darunter »Zyklopen«, »Janusköpfe«, »Siamesische Zwillinge«. Gerhard Roth nannte sie »Fundstücke aus Bildern Goyas, Boschs und Kubins oder Figuren aus den Werken Homers, der Gebrüder Grimm und Becketts«.

Die Geschichte des Narrenturms ist so interessant, weil die in ihm verwahrten Geisteskranken von Franz Joseph Gall untersucht und beobachtet worden waren.

Er begann damit, nach dem Tod von Geisteskranken deren Gehirne und Schädel zu sezieren. Er glaubte, dass bestimmte

Fähigkeiten und Eigenschaften des Menschen mit bestimmten Orten im Gehirn gekoppelt seien. Ganz falsch war das nicht, wie die moderne Hirnforschung später herausfand. Aber Gall war Teil einer wissenschaftlichen Bewegung, die sich in der NS-Zeit in einen mörderischen Wahn verwandelte: Er dachte, dass sich das Gehirn mit seinen Windungen an den Schädelknochen innerlich und äußerlich abprägt. Die verhängnisvolle »Schädellehre nach Gall« wurde auch schon bald in Karikaturen verspottet. Seine Theorie stieß in Fachkreisen als »Phränologie« auf Interesse und führte dazu, dass er und seine Schüler etwa fünfhundert Schädel sammelten oder Totenmasken anfertigten. Als Kaiser Franz I. 1802 die Lehre verbot, setzte sich Gall nach Paris ab und kehrte nicht mehr zurück. Sein in Wien verbliebener Besitz wurde 1824 veräußert, einen Teil der Sammlung erwarb der in Baden bei Wien tätige Arzt Anton Rollett. Im Rollettmuseum in Baden findet sich eine ganz besondere Büste, die Gall anfertigen ließ, und eine Kopie wiederum steht in Christian Reiters Studierzimmer. Sie zeigt Angelo Soliman, der hinter Reiters Schreibtisch wacht, so als würde er den Gerichtsmediziner beobachten.

Seinem Zimmergefährten hat Reiter eine Baseballmütze aufgesetzt, versehen mit dem Schriftzug »Tatort«. Als sich Solimans Büste noch in Reiters Büro in der Sensengasse befand, stand gleich daneben eine Totenmaske, angefertigt aus Silikon. Sie zeigte den Kopf eines Mannes, der um die Jahrtausendwende Österreich in Atem hielt: der verstorbene Nigerianer Marcus Omofuma. Fremdenpolizisten hatten ihm den Mund verklebt und ihn zu Tode gebracht. Sein Fall beschäftigte Reiter jahrelang, und er ist einer der wenigen, über die er ungern spricht.

Ich schaue auf die zwei Büsten: zwei Afrikaner in Wien, zwei Menschen, die in Wien Geschichte schrieben, zwei Männer, deren Würde posthum mit Füßen getreten wurde, zwei Fälle, die Reiter intensiv beschäftigten. Zwei Menschen, deren Geschichte in die Abgründe meiner Heimat blicken lassen. Man muss sie, weil Teil der großen Geschichte, aus Reiters Perspektive erzählen.

MMADI MAKE, DER AFRIKANISCHE FÜRST

»Ich sehe ihm direkt ins Gesicht. Erschöpft sieht er aus und leicht erstaunt. Die Lider sind schwer, halb geschlossen. Der Mund ist etwas geöffnet, die Wangen eingefallen. Obwohl er nicht so alt wirkt, ist er etwa fünfundsiebzig. Als junger Mann muss er gut ausgesehen haben.« Als der Historiker Philipp Blom vor einigen Jahren im Wien Museum eine große Ausstellung über Angelo Soliman und dessen Zeit kuratierte und dessen Büste inspizierte, ebenjene, deren Kopie in Reiters Studierzimmer steht, da bemerkte er, dass dessen Antlitz dem Betrachter »instinktiv Respekt« abverlange.

Kein Wunder, angesichts dieses Menschen, den ganz Wien zu kennen scheint und über den auch Reiter forschte. Um 1721 herum, so genau weiß man das nicht, wurde Soliman als Sohn eines afrikanischen Fürsten geboren, beim Überfall auf seine Ortschaft gekidnappt, von Sklavenhändlern in den Norden Afrikas verschleppt, an Araber verkauft, von diesen nach Sizilien verschifft, dann eingetauscht gegen ein Pferd. Mmadi Make, so sein angeblicher Geburtsname, wird zum Diener adeliger Herrschaft, lernt eine Zofe kennen, Angelina. Aus Zuneigung zu ihr, so die Mär, habe er sich Angelo genannt. Eine Fürstin in Sizilien unterrichtet ihn, nimmt ihn »an Sohnes statt« an, lehrt ihn, Tschechisch, Italienisch, Französisch, Deutsch. Er studiert auch die antiken Sprachen Hebräisch, Latein, Griechisch. Er musiziert, wird Universalgelehrter und Universaldiener, unterhält die Aristokratie und parliert mit ihr. Leibeigener aber bleibt er, jederzeit kann er verkauft werden. Und so geschieht es auch. Fürst Lobkowitz, Gouverneur von Sizilien, ist auf diesen jungen Mann aufmerksam geworden und tauscht den Edelsklaven gegen Ländereien ein. Soliman kommt an den Hof Maria Theresias, landet bei den Liechtensteins, bei Fürst Wenzel, der ihn als Erzieher seiner Kinder erwirbt. Kaiser Joseph II. lustwandelt mit ihm im Park von Schönbrunn. Als Unfreier wird er trotzdem Freimauerer, trifft Mozart bei Veranstaltungen des Geheimbundes, lernt Joseph Haydn kennen, wird Teil von Wiens High Society.

Heimlich ehelicht der Leibeigene im Stephansdom eine Witwe namens Kellermann, mit ihr zeugt er seine Tochter Josephine. Soliman darf Joseph II. nach Frankfurt zur Kaiserkrönung begleiten. Er ist ein begnadeter Kartenspieler, gewinnt in Frankfurt ein Vermögen und investiert es in eine »Bergbauberechtigung« in Schladming, wo Kobalterze abgebaut werden, zur Herstellung von blauem Glas. Der Betrieb geht bankrott, Soliman ist pleite. Wenzel von Liechtenstein feuert ihn wegen der heimlichen Ehe. Im Alter von etwa siebzig Jahren sackt Soliman zusammen: Schlagfluss, wie man den Schlaganfall damals nannte.

Der Rest ist die bekannte würdelose Schauergeschichte. Sein Leichnam wird beschlagnahmt und vom Präparator Simon Eberle gehäutet. Der Historiker Blom vermutet, die Präparierung sei direkt auf Betreiben des Kaisers Franz II. geschehen, da Soliman das ihm verhasste aufklärerische Wien verkörpert habe. »Die Ausstopfung hatte wohl schon eine Watschen-Wirkung gegenüber den aufgeklärten Kreisen, die ihn zu Lebzeiten mit offenen Armen empfingen. Dieser Akt, einen Menschen wieder zum Objekt zu machen, und zwar diesmal in einem dezidiert rassistischen, kolonialistischen Akt, scheint symbolisch zu sein. Das ist mehr als wissenschaftliche Neugier, und das macht diesen Akt auch so monströs. Das ist auch posthume Beleidigung.«

Von Kopf und Gesicht fertigen seine Helfer einen Gipsabdruck an, schnitzen eine Holzkonstruktion, ziehen die Haut darüber. So wie bei jenem fünfjährigen Mädchen im Narrenturm. Mit einem Baströckchen bekleidet, dient Soliman aber nicht als Präparat für angehende Ärzte, sondern wird zur Schau gestellt im kaiserlichen Hofnaturalienkabinett in einem Diorama, daneben ein Tapir. Jetzt ist er »Vertreter des Menschengeschlechts«.

Seine Tochter, Baronin Josephine von Feuchtersleben, protestiert beim Kaiser gegen die Schändung, sie will die Herausgabe der Leichenteile und der Haut erwirken. »Aber sie kriegt nur eine Kiste mit den Knochen ihres Vaters«, sagt Reiter. Diese wird am Währinger Friedhof bestattet.

Hatte man der Tochter Teile des Leichnams des Vaters vorenthalten? Hatte vielleicht der Phrenologe Gall Solimans Kopf einbehalten, als Forschungsobjekt oder Reliquie? Reiter ging genau dieser Frage nach. Er wusste, dass Gall Solimans Schädel in seinem »Atlas zur Anatomie und Physiologie des Nervensystems«, im Kapitel über den »Tonsinn«, abgebildet hatte.

Gall nannte Soliman zwar nicht beim Namen, sondern bezeichnete ihn als »Kopf eines Negers aus dem Kongo, der sich im Selbststudium mit Musik befasste und nahezu alle bekannten Instrumente spielte«. Derer gab es in Wien nicht viele. Vierzig Afrikaner höchst unterschiedlichen Bildungsgrades verzeichnet die Stadtchronik jener Zeit.

Reiter hat im Narrenturm noch eine Spur entdeckt. Ein Archivar verwies ihn auf einen Totenschädel unklarer Herkunft. Der berühmte Anatom Josef Hyrtl, der eine nicht unerhebliche Rolle bei der Frage nach dem Schädel Mozarts spielte, hatte den Kopf in der Sammlung beschrieben, »und wir wissen eigentlich nicht, auf welche Weise und auf welchem Weg dieser Schädel hier nach Wien gekommen ist«. Der Eintrag im Katalog lautet wie in Galls Buch: »Neger, vom Congo«.

Handelte es sich um Solimans Kopf? Hatte der Präparator Solimans Schädel heimlich dem Phrenologen Gall zukommen lassen? Reiter hatte ein forensisches Rätsel zu knacken. Für ihn war klar: Gall besaß einen Gipsabdruck des Kopfes. Und in diesem Abdruck fand Reiter die gekräuselten Haare des Angelo. Er holte die Erlaubnis ein, diese Haare »so schonend wie möglich aus dem Gips herauszupräparieren«. Er hatte nicht nur gehofft, dass über molekularbiologische Methoden Solimans Herkunft in Afrika geklärt werden kann, sondern hatte noch eine Idee: »Man müsste nur die DNA der Haare mit dem Schädel vergleichen.«

Reiter hatte bisher Pech: Die chemischen Vorgänge beim Aushärten von Gips haben offenbar einen negativen Einfluss auf die DNA von Haaren. »Es ist uns bis heute nicht gelungen, hier vernünftige mitochondriale DNA zu extrahieren. Es gibt noch ein paar Haare in meinem Besitz. Wir werden warten, dann sind die Technologien weiter gediehen.«

So schnell gab Reiter aber nicht auf. Er verglich den unbekannten Totenkopf aus dem Kongo mittels Superprojektion mit zeitgenössischen Abbildungen Solimans. Und stutzte: »Er passt hervorragend zu den zeitgenössischen Abbildungen.« Die Weichteile fügten sich haargenau zur künstlerischen Abbildung. Reiter sagt: »Es spricht nichts dagegen, dass dieser Schädel von Angelo Soliman stammt.« Oder doch?

Reiter ahnte es: »Die Nähte des anonymen Schädels repräsentieren einen Mann mittleren Lebensalters.« Vierzig, vielleicht fünfzig Jahre. Und der Schädel hat einen tadellosen »Gebissstatus«. Angelo Soliman ist nachweislich mit mehr als siebzig Jahren verstorben.

Und das Präparat mit Solimans Haut? Es verstaubte am Dachboden der Hofburg in einem Kasten, bis ins Revolutionsjahr 1848. Damals lehnte sich auch in Wien das Bürgertum gegen Adel und Kaiserhof auf, kurz fing die Hofburg Feuer. Und mit ihm Angelo Solimans gegerbte und auf ein Holzgestell gespannte Haut. »Das ist«, sagt Reiter, wenn man es historisch betrachtet, »eine sehr skurrile, aber auch eine für die Wiener Medizin wichtige Geschichte.«

Die Erben Galls, die Nachkommen der Schädelvermesser und Schädelsammler, sie trieben nicht nur in der NS-Zeit ihr Unwesen, sondern auch Jahrzehnte später. Im Naturhistorischen Museum etwa gab es bis 1996 den sogenannten Rassensaal, eingerichtet von Reiters Institutskollegen Johann Szilvássy, einem Anthropologen.

Er stammte aus einer Zeit, in der noch »Rassenkunde« gelehrt wurde.

Noch bis Ende der neunziger Jahre war Szilvássy ein gefragter Gutachter. Er beschrieb die »Schamhaardichte« bei afrikanischen Tatverdächtigen, um ihr Lebensalter zu bestimmen, und vermaß ihre Knochen, sein Urteil entschied darüber, ob das milde Jugendstrafrecht angewendet werden konnte.

Reiter war das schon lange zuwider: »Als Anthropologe hätte er wissen und bedenken müssen, dass die biologische Bandbreite bei Menschen enorm ist. Menschen kann man nicht mathematisch definieren. Und wenn ich Aussagen über regionale morphologische Eigentümlichkeiten heranziehen möchte – zum Beispiel Behaarung oder Körpergröße oder Zahndurchbruch, wann kommt der Weisheitszahn zum Vorschein –, dann muss ich mich sehr intensiv mit der jeweiligen regionalen Population beschäftigen, dann brauche ich entsprechend hohe statistische Daten, um dann wieder mit der entsprechenden statistischen Vorsicht eine Bandbreite zu liefern. Wir wissen heute, wie extrem schwer es ist, eine Alterseinschätzung bei einem jungen Menschen zu treffen. Und selbst mithilfe der modernsten Techniken, über die wir heute verfügen, müssen wir zugeben, dass wir hier immer nur mit einer Bandbreite von plus/minus zwei Jahren agieren können.«

Es geschieht freilich nach wie vor: In Asylverfahren werden von Behörden bildgebende Untersuchungen von Handwurzelknochen, Schlüsselbeinen und Zahnstatus gefordert, um zu ergründen, ob eine Person jugendlich ist oder nicht, ob sie daher mehr Unterstützung erhält im Verfahren. Die Gerichtsmedizin muss hier mit den Behörden zusammenarbeiten. »In der Zwischenzeit haben wir gelernt«, sagt Reiter, »wie vielgestaltig der Mensch ist und dass wir im Zweifel immer für den jeweilig Betroffenen die günstigste Version liefern müssen.«

OMOFUMA

»Soll ich es tun?«, fragt Tassitta van B. Dann presst sie sich die flache Hand vors Gesicht und brüllt hinein. Einen dumpfen, schrecklichen Schrei. Sie nimmt die Finger vom Gesicht, zittert und sagt: »Es war wie ein Hilferuf unter Wasser. Mehr konnte er nicht machen.«

Utrecht, 1999, ein trüber Tag im Herbst. Ich bin in die Niederlande geflogen, um die Zeugen einer Katastrophe zu interviewen. Tassitta van B., so lese ich in der damals erschienenen Reportage nach, ist so nervös, dass sie nicht einmal einen Kugelschreiber halten kann. Sie will aufzeichnen, wie nah sie damals im Flugzeug zu Marcus Omofuma gesessen ist, diesem damals 25-jährigen jungen Mann.

Vor ihren Augen wird er während seiner Abschiebung in der Balkan Air mit einem dicken Gaffa-Band geknebelt und wie eine Mumie eingewickelt, dann mit einem Gummiseil an den Sitz gefesselt und mit Ohrfeigen misshandelt.

Aus dem gerichtsmedizinischen Untersuchungsbericht von Christian Reiter: »Der Zeuge gab an, dass Omofuma Laute von sich gegeben habe, weshalb zusätzliche Klebebänder um dessen Mund angebracht wurden.« Ein anderer Zeuge, vermerkte Reiter, habe »in weiterer Folge beobachtet (…), dass Omofuma irgendein Rituallied vor sich hersang«. Eine dritte Zeugin sah, dass »zwischen der Verklebung des Oberkörpers bis zu den Schultern und der über den Kopf reichenden Verklebung an der Unterseite des Kinns der Hals frei und angeschwollen« war. Omofuma habe »sich immer mehr gewehrt und immer fester getreten«, so das Gerichtsprotokoll. Er sei deshalb »immer fester an den Sessel angeklebt worden«. Ein bulgarischer Passagier habe sich umgedreht und Omofuma »mit der flachen Hand einen ordentlichen Schlag auf den Kopf versetzt«. Der »N***«, so stand es damals ganz offiziell im Polizeiprotokoll, habe dann »vor sich hingeschaut«, »seine Augenpartien und der Hals waren, soweit sie frei von Klebebändern waren, angeschwollen. Er hat sehr geschwitzt.«

25 Minuten vor der Landung hat Marcus Omofuma die Augen für immer geschlossen. Eine Stewardess gab zu Protokoll, ihr sei befohlen worden, nach dem Aussteigen der Passagiere einen Arzt zu holen, »weil der Verdacht bestand, dass der Passagier bereits verstorben sei«.

Omofuma starb am 1. Mai 1999, am Tag der Arbeit und der internationalen Solidarität, in staatlicher Obhut während seiner Abschiebung. Der verantwortliche sozialdemokratische Innenminister Karl Schlögl erhielt noch am selben Abend einen Anruf von seinem Ministerkabinett, wie er mir damals erzählte. Es sei »etwas Schreckliches passiert«, teilten ihm die Beamten mit. Ein Teil von ihnen plädierte für maximale Offenheit. Die andere Fraktion riet zum Mauern und zum Gegenangriff. »Die drei Fremdenpolizisten dürfen wir nicht suspendieren. Das wäre ein Signal gegen 30 000 Polizisten«, riet Schlögls damaliger Generaldirektor für die Öffentliche Sicherheit, der machtversessene Hofrat Michael Sika.

An jenem 1. Mai begleitet Tassitta van B. eine niederländische Kindertanzgruppe auf dem Flug nach Bulgarien. Die Maschine, die in Amsterdam startete und in Wien und Sofia zwischenlandete, soll Omofuma nach Lagos bringen. Beim Zwischenstopp in Wien-Schwechat tragen die Beamten den geknebelten Mann »wie ein erlegtes Tier« in den Flieger. Marcus Omofuma, Vater einer kleinen Tochter, Ehemann einer deutschen Staatsbürgerin, geflohen aus Nigeria, angeblich, weil er als Mitglied einer Sekte verfolgt worden sei, in Wahrheit aber auf der Suche nach einem besseren Leben. Ein Denkmal neben dem Wiener Museumsquartier erinnert heute an ihn, seine Familie holte den Leichnam in Wien ab und begrub ihn in Nigeria. Die Kinder der Tanzgruppe und ihre Begleiterinnen mussten nach den Geschehnissen im Flugzeug psychologisch betreut werden, wie mir Tassitta van B. erzählte, »um Albträume und Krämpfe zu überwinden«.

Rassismus und Brutalität zeichneten diesen Fall aus und die Frage, wie viel Zivilcourage jene Menschen besitzen, die sich als kritisch bezeichnen. Die aus dem alternativen Milieu stammende Tanztruppe aus den Niederlanden hatte gegen die vor ihren Augen stattfindende Folter nicht protestiert, selbst als der Passagier neben ihnen blau anlief und schrie. »Wir haben auf die Polizei vertraut«, sagt Tassita van B. in ihrer Wohnung in Utrecht.

»Der Fall Omofuma«, so notierte ich damals, »ist eine Art Milgram-Experiment.« Aber anders als bei diesem Test, bei dem die Probanden einen Mann auf Anweisung von angeblichen Wissenschaftlern mit Stromschlägen foltern, kommt Marcus Omofuma im Flieger wirklich zu Tode.

Über diesen Fall hatte ich gemeinsam mit meiner Kollegin

Nina Weissensteiner ausführlich berichtet. Wir deckten auf, dass Knebeln gängige Polizeipraxis war, die Beamten trugen Gaffa-Bänder wie Handschellen bei sich, angeblich, weil sie Angst hatten, von HIV-infizierten »Schüblingen« gebissen zu werden, wie sie zu Protokoll gaben. Den höheren Beamten und den Sektionschefs war das bekannt. Es gab Verurteilungen wegen dieser Verklebungspraxis. Jeder konnte die Urteile in der Rechtsdatenbank des Bundeskanzleramts nachlesen. Die Kommandozentrale im Innenministerium kümmerte das kaum. Der mittlerweile pensionierte, damals verantwortliche Sektionschef gilt nach wie vor als Respektsperson.

Ich hatte nicht nur interne Polizeiakten zugespielt bekommen und mit Anwälten und Whistleblowern gesprochen, sondern auch Zeugen aufgesucht und mit Informanten gesprochen, etwa dem mir aus Studententagen bekannten Gerichtsmediziner Reiter.

Das Landesgericht Korneuburg bestellte ihn als Gutachter, und er versuchte, die Todesursache Omofumas zu rekonstruieren. Dieser Fall zählt zu jenen, die uns beide bis heute beschäftigen. Weil er nicht nur vom sinnlosen Tod eines jungen Menschen handelt, sondern auch von Herzlosigkeit und vom Zynismus mächtiger Medien, die sich von Behörden für *dirty campaigning* und *victim blaming* einspannen lassen. Der Fall zeigt auch die Mühen der Wissenschaft, sich zwischen den Fronten der erhitzten Gesellschaft zu behaupten. Die Causa Omofuma war so etwas wie die österreichische Variante von George Floyd: 2020 war in den USA die Black-Lives-Matter-Bewegung gegründet worden, nachdem der Afroamerikaner von Polizisten ermordet worden war. Seine letzten Worte, »I can't breathe«, gingen in die Geschichte ein. Durch Omofuma wurde in Wien die afrikanische Community aufgewühlt und traumatisiert. Sie demonstrierte gegen einen strukturellen Rassismus, der kein Ende nehmen wollte.

Statt einzulenken und um Entschuldigung zu bitten, eskalierten hierzulande die Polizeihofräte. Das sozialdemokratisch geführte Innenministerium suchte nicht den Dialog, im Gegenteil, die Anwälte der Polizisten steckten der *Kronen Zeitung* Details über Omofumas angebliche Verfehlungen zu, um ihn zu desavoieren. »So tobte der Schübling«, titelte das Blatt. Generalsekretär Sika sagte damals zu mir: »Wenn man ständig in die Eier gehaut wird, wehrt man sich halt.«

Wenige Tage nach dem Tod Omofumas wurde eine Razzia in einem Asylheim massenmedial vermarktet, weil man dort eine »nigerianische Drogenmafia« vermutete. Tatsächlich versteckten sich im Heim der später berühmt gewordenen Erzieherin Ute Bock auch Dealer. Und tatsächlich fanden die Ermittler haufenweise Säckchen mit Kokain. Die Polizei setzte aber auch Unschuldige fest, etwa Charles Ofoedu, einen nigerianischen Schriftsteller, der gegen Polizeiübergriffe demonstriert hatte. Unter fadenscheinigen Vorwürfen wurde er den Medien als Mafiaboss vorgeführt; der Anthropologe Johann Szilvássy vermaß in der Folge dutzende junge Nigerianer, um zu klären, ob sie dem milden Jugendstrafrecht unterliegen. Durch Beurteilung der »Schamhaarstufe« erklärte er sie für erwachsen, entsprechend der Tradition der Schädel- und Körpervermesser. Anonyme Zeugen brachten die »Bimbos«, wie die Polizei die Beschuldigten sogar vor Gericht nannte, jahrelang ins Gefängnis.

Ich erlebte, wie wenig vonnöten ist, dass unsere Gesellschaft verroht, wie arglos wir Behörden und anderen sogenannten Autoritäten vertrauen. Omofuma wurde zur Chiffre, zum Symbol. Die Zivilgesellschaft, Linke, Liberale, kirchennahe Bürgerliche, beklagte den Niedergang humanitärer Asylpolitik, die es geschehen ließ, dass Fremdenpolizisten wie Schlägertrupps agieren. Rechte Rabauken wiederum stärkten der Polizei den Rücken, denn von »wildgewordenen Nigerianern« dürfe man sich keinen Aufenthaltstitel abpressen lassen.

Es war eine Zeitenwende: Wenige Monate nach Omofumas Tod bildete Jörg Haiders FPÖ – begleitet von Sanktionen der Europäischen Union – eine Regierung mit der ÖVP. Haider nutzte die Verunsicherung weiter Teile der Bevölkerung nach dem Fall des Eisernen Vorhangs und in der Folge der Zerfallskriege auf dem Balkan. Sein Redenschreiber Herbert Kickl, heute FPÖ-Chef, plakatierte »Machtlos gegen 1000 Nigerianer«. Am Stephansplatz, im Zentrum von Wien, hörte ich Haider im Oktober 1999 zu, wie er sein Publikum aufhetzte: »Omofuma, dieser, äh, Dealer«, log er, und die Masse johlte.

Vor einer solchen Kulisse hatte nun Christian Reiter die Todesursache des »Schüblings« zu klären. So nannte der Wiener Polizeichef den Toten. Eine Ursache, die für die mündige Öffentlichkeit schon bald feststand: Ersticken. Aber erstickte Omofuma wirklich? Oder war der Fall komplizierter? Und was würde das für das Strafverfahren und die persönliche Schuld der drei Angeklagten bedeuten?

Reiter sagt mir heute, 25 Jahre später, dass ihn dieser Fall traumatisiert hat. Er überlegt lange, ob er darüber noch einmal öffentlich reden will.

Weil er als Wissenschaftler zwischen die Fronten der Weltanschauungen geraten ist. Weil seine Arbeit, wie er sagt, »verzerrt dargestellt und Teile seiner Aussagen instrumentalisiert worden« seien. Weil man bis heute nicht verstanden hat, dass sein einst von vielen Kollegen massiv angegriffenes Gutachten zu einer viel härteren Strafe hätte führen können. »Wie ein Gehilfe der Polizei stand ich damals da«, sagt Reiter, »eine Sache, die mich bis heute bedrückt.«

Journalisten, auch ich, wollten Gewissheit, als wissenschaftlicher Gutachter musste er auch die Zweifel vortragen, die er hegte. Als die Beamten nach einem Strafverfahren zu lächerlichen acht Monaten auf Bewährung verurteilt worden waren, schrieb ich in meiner Reportage, dass Reiter durch einen Wiener Neuropathologen und einen deutschen Gerichtsmediziner »an die Wand gespielt worden war«. Er, der niemals Sympathien mit rassistischen oder brutalen Polizisten hegte, stand als eine Art Komplize der Exekutive da, weil er den Fall anders beurteilte als seine Kollegen.

Er sah den Fall tatsächlich anders, und er nahm mir meine Worte damals sehr übel. Reiter sagt, er hätte ein strengeres Urteil für geboten erachtet. Das hätte man aus seinem Gutachten herauslesen müssen, anstatt sich vor den Karren der Anwälte spannen zu lassen.

Reiter sezierte den Leichnam, der aus Bulgarien kam und dort bereits zu verwesen begonnen hatte. Er stellte fest, dass in Bulgarien wichtige Beweissicherungen unterblieben seien, etwa die »Vergleichsanalyse der Blutgase zwischen linker und rechter Herzkammer«, die für die Diagnose eines Erstickungstodes wichtig gewesen wäre. Er untersuchte Schädel, Herz, Lungen und Gehirn und kam zu dem überraschenden Ergebnis: Ein Erstickungstod war nicht mehr zu beweisen, jedoch ein Sauerstoffmangel des Gehirns. Die Todesursache sei ein

Herzversagen infolge einer vorbestehenden Herzmuskelentzündung in Kombination mit der massiven Anstrengung und Aufregung durch die Abschiebung gewesen.

Das empörte den Anwalt der Hinterbliebenen. Aber es freute die Anwälte der Polizisten, darunter ein ehemaliger freiheitlicher Justizminister. Sie vermarkteten Reiters Gutachten als Beleg dafür, dass die Beamten am Tode des Afrikaners unbeteiligt seien, dass man sie freisprechen müsse.

Genau das forderte Christian Reiter nicht. Ja, die Verklebung des Mundes sei nicht kausal für den Tod gewesen, war Reiter überzeugt. »Wir wissen aus einer Vielzahl von Fällen, etwa bei Home-Invasions, gewaltsamen Einbrüchen mit Knebelung der Opfer, dass Verklebungen des Mundes zwar zu einer Atemnot und daher auch zu einer Sauerstoffunterversorgung führen, aber dass die Leute dann durch den Sauerstoffmangel wegdämmern und einschlafen, bewusstlos werden. Dann fällt aber der Stress weg. Sie sind nicht mehr aufgeregt, und die Atmung stabilisiert sich wieder. Die Leute kommen wieder zu sich. Nur ganz selten sterben Menschen ohne Vorerkrankungen am Mundverkleben.«

Reiter untersuchte deshalb den Schädel von Omofuma und stellte fest, »dass seine oberen Atemwege gut durchgängig waren«. Er ließ sich damals sogar von jenem Moulageur, der Angelo Solimans Büste nachbildete, den Kopf Omofumas nachmodellieren. Nicht aus Gips, sondern aus Silikon. Er wollte dem Gericht genau vorführen, in welcher Weise der Mund verklebt worden war. Die Nase, sagt Reiter, war vollkommen frei.

Und er glaubte, eine andere Todesursache entdeckt zu haben: Während seiner Schubhaft litt Omofuma an einem grippalen Infekt, er hatte hohes Fieber. Die Grippe konnte er in der Gefängniszelle offenbar nicht optimal auskurieren, sein Herzmuskel wies an einigen Stellen Entzündungsherde auf. Solche Infektionen wiederum können die Herzelektrik schädigen und daher unter Stress zu einem plötzlichen Herztod führen. Man kennt das von jungen Männern, die während eines Fußballspiels plötzlich tot auf dem Spielfeld zusammenbrechen.

Omofuma, so lautete Reiters Befund, sei daher »im Zweifel« an einem Herzversagen gestorben. Die Polizisten konnten von dieser Vorerkrankung nichts wissen und das damit verbundene Risiko nicht kennen. Deshalb, so seine zweite Erkenntnis, seien sie für den Tod nicht verantwortlich zu machen. »Die Modalitäten der gegenständlichen Abschiebung (Aufregung, Traumatisierung, Verklebung und Fesselung)« seien aber »entscheidende Faktoren für das Ableben des Marcus Omofuma« gewesen.

Also Freispruch? Die *Kronen Zeitung* jubelte, Reiter, so schreiben die Medien, habe die Polizisten massiv entlastet. Das war nicht die Wahrheit. Reiter schrieb nämlich auch, dass das Verkleben des Mundes und die Modalitäten der Abschiebung »zweifellos einen qualvollen Zustand« dargestellt hätten. Er war – anders als das Gericht – der festen Überzeugung, dass die Beamten einen qualvollen Zustand des ihnen Anvertrauten billigend in Kauf genommen und diese Qualen den Tod zumindest mitverursacht hatten. Sie konnten zwar nicht wissen, dass Omofumas Herz schwach war. Sie wussten aber, dass er fürchterliche Qualen litt und während dieser Qualen starb. Mit anderen Worten: Er plädierte für die Verurteilung wegen »vorsätzlichen Quälens eines Gefangenen mit Todesfolge«, Strafrahmen bis zu zehn Jahren. Und nicht für »fahrlässige Tötung« unter besonders gefährlichen Verhältnissen, die mit nur drei Jahren zu bestrafen wäre.

Der Richter folgte allerdings zwei anderen Gutachtern, die ein Ersticken attestierten. Für die Öffentlichkeit wirkte das plausibler. »Einer von uns beiden bleibt über«, sagte der Richter zu Reiter, »und ich bin der vorsitzende Richter.«

Die Beamten wurden vom Vorwurf des vorsätzlichen Quälens eines Gefangenen mit Todesfolge freigesprochen, das Ersticken nur als Fahrlässigkeitstat angelastet. Dass sie ihn wie eine Mumie verklebten, mit Klebebändern am Sitz festzurrten, den Mund verschlossen, ja sogar den Kiefer am Schädel fixierten, das sei »kein Hinweis darauf, dass sie es ernsthaft für möglich hielten und sich damit abfanden, Omofuma zu quälen«, sprach der Richter. Und weil die Polizisten »nur Milderungsgründe« aufzuweisen hatten, bekamen sie acht Monate auf Bewährung. Der Fall Omofuma wurde im Grunde wie ein Verkehrsunfall mit Todesfolge sanktioniert.

An die Öffentlichkeit werde ein verheerendes Signal ausgesendet, schrieb ich damals: »Auch wenn ein renitenter Häftling von der Polizei wie ein Paket verschnürt wird, auch wenn er eine halbe Stunde mit zerstörtem, weil mit zu wenig Sauerstoff versorgtem Hirn neben den Beamten sitzt, auch wenn er zuvor um Hilfe röchelt und sein Hals so blau angeschwollen ist, dass sich Passagiere ernsthafte Sorgen um sein Leben machen, dann können die Polizisten weiter Dienst versehen, denn dann haben sie nur fahrlässig gehandelt.«

Die Richter sahen bei den Beamten »keinen Umstand als

erschwerend an«. Nur Milderungsgründe fanden sie: Die Beamten seien unbescholten, warten schon drei lange Jahre auf ihr Urteil und »sind nicht allein schuldig«. Auch die Vorgesetzten, die Sektionschefs, die vom Verkleben wissen hätten müssen, hätten Verantwortung zu tragen. Doch »seltsamerweise« wurden sie nicht angeklagt, sagte der Richter. Die Justiz schob – so wie die Beamten – die Verantwortung nach oben, sanktionierte diese aber nicht.

Das Urteil, sagt Reiter, »quält und beschäftigt mich bis heute und ließ mich auch an der Justiz zweifeln, der ich immer mit Vertrauen und Begeisterung gedient habe«. Marcus Omofumas Hinterbliebene, so teilte mir deren damaliger Anwalt einmal mit, hätten im Grunde von der Republik Österreich keine Entschädigung bekommen. Seine Tochter lebe unter prekären Umständen in Deutschland.

JUGEND – EIN PROTOKOLL

»Jede unserer Erkenntnisse beginnt mit den Sinnen.«

LEONARDO DA VINCI

Heilender Arzt wollte ich eigentlich nie werden. Ich hatte Sorge, es nicht zu schaffen, mit Patienten über ihr Leid und ihre Angst und ihre Hoffnungslosigkeit zu sprechen. Tierarzt zu werden, das war mein Kindheitstraum. Die Menschen haben Angst vor dem Tod und vor ihrem eigenen Schicksal. Mit einem Bauern kannst du aber über seine Tiere Tacheles reden und sagen: Das schaut nicht gut aus.

Schon als Kleinkind habe ich Haustiere gehütet: Schildkröten, Hamster, Kaulquappen. Zum Ekel meiner Familie habe ich sogar eine Hauswinkelspinne gehalten. Sie hat sich vermehrt und die Wohnung mit ihren Nachkommen kontaminiert.

Haustiere waren und sind Teil meines Lebens. Wenn sie gestorben sind, habe ich sie seziert, zumindest einige von ihnen. Mein Hamster starb an einem Tumor. Und ich wollte selbstverständlich wissen, an welchem. So habe ich ihn untersucht, seine Organe in feine Scheiben geschnitten, gefärbt und unter dem Mikroskop das Hamster-Duftdrüsen-Karzinom betrachtet.

Ich wuchs in der Stadt auf, in Ottakring, am Yppenplatz, dort, wo mein Urgroßvater sein Atelier und seine Wohnung hatte. Aber ich spielte nicht Fußball wie die anderen Buben. Im Herzen war ich ein Landkind. Ich hatte großes Glück, meine Ferien bei Bauern zu verbringen. Im Sommer brachten mich die geliebte Uroma und die Eltern meines Vaters zur Sommerfrische aufs Land. Wir lebten bei Landwirten am Grundlsee und im Mühlviertel, wo mein Vater im Krieg als Panzeroffizier stationiert war. In Rettenegg, einem kleinen Ort in der Steiermark, lebten wir im Sommer bei Kleinhäuslern. Die Bauern räumten ihr Schlafzimmer für uns frei oder boten uns eine ausgebaute Dachkammer an. Der Bauer in Rettenegg war Holzknecht und hatte eine Kuh und ein Schwein und ein paar Hendln. Er trug auch keine Strümpfe, sondern Stiefelfetzen, Tücher, mit denen er seine Füße umwickelte.

Die Bauern lebten am Ende eines Grabens neben dem Wald. Ein Wildbach gurgelte zwanzig Meter entfernt, die Kuhmilch war warm, die Kost einfach und gut. Von dieser Welt war ich fasziniert, von den Forellen in den Bächen, von den Heidelbeeren in den Wäldern, die ich mit dem Sohn der Bauernfamilie erforschte. Im oberösterreichischen Mühlviertel war ich bald von den einheimischen Kindern nicht mehr zu unterscheiden. Ich lief tagaus, tagein in Gummistiefeln herum.

Im Salzkammergut wiederum sah ich als Vierjähriger – es ist eine meiner ersten bewussten Erinnerungen – zum ersten Mal eine kunstvoll gestaltete Bienenhütte. Durch eine Glasscheibe konnte man dem Volk zusehen. Ich träumte schon damals davon, selbst einmal Bienen zu züchten. Im Schrebergarten meiner Großmutter war das nicht erlaubt. Meine Mutter hatte Angst, die Bienen könnten die Marmeladesemmeln der Nachbarn anfliegen. Heute habe ich Bienen auf meiner Dachterrasse; und ich forsche darüber, warum die Imker, die ich auch schon seziert habe, so erstaunlich lang leben. Stiche führen zu Cortison-Ausschüttungen, und das verlängert, wenn man oft gestochen wird, die Widerstandskraft gegen Entzündungen.

Viel mehr noch interessierte mich damals das Schlachten. Ich war fasziniert von der Anatomie der Schweine. Neugierig sah ich zu, wenn sie auf Haken aufgehängt und aufgeschnitten wurden. Dann entnahmen die Bauern den Tieren die Organe, und anders als es die Erwachsenen heute erwarten würden, habe ich keinen Ekel verspürt, sondern Neugierde. Diese Neugierde, heute würde ich Forscherdrang dazu sagen, war größer als alle anderen Sinneswahrnehmungen. Bei diesen Schlachtungen habe ich zum Beispiel das erste Mal gerochen, wie ein Lebewesen von innen riecht. Ein Schwein riecht anders als ein Mensch, weil ein Schwein mehr Pflanzen frisst, auf dem Land wurden die Säue damals mit gedämpften Erdäpfeln gemästet. Ich lernte später auch, wie Rehe oder Hasen innen drinnen riechen. Ein Vegetarier riecht übrigens auch ganz anders als ein Mensch, der häufig Fleisch verzehrt.

Wir Gerichtsmediziner haben sehr feine Nasen, wir können Krankheiten erriechen. Öffnet man eine Leiche, strömt einem der Geruch der Darmgase entgegen. Das riecht ein bisschen nach Pfadfinderlager, wie ein Raum, in dem zwanzig Leute geschlafen haben. Wenn jetzt zu diesem Geruchsbouquet, an das man sich als Gerichtsmediziner eintariert, eine abweichende Duftkomponente dazukommt, dann sticht einem die sofort in die Nase. Manche Menschen riechen zum Beispiel nach der Öffnung ihrer Körper nach Wirtshaus, nach abgestandenem, vergossenem Bier, nach Wein oder Fusel. Zwar traue ich es mir nicht zu, genau zu erkennen, welche Sorte Wein jemand getrunken hat, aber ich kann schon sagen: Der riecht nach Bier, der riecht nach Wein, der riecht nach Schnaps.

Aufgrund des Geruchs kann ich gewisse Diagnosen erahnen. Ein Diabetiker, der an einer diabetischen Stoffwechselentgleisung stirbt, hat einen Acetongeruch. Der erinnert ein bisschen an Nagellack. Leute, die an Nierenversagen sterben, riechen nach Urin, in Wien würde man sagen, sie brunzeln. Es ist ein Geruch, der sich in den Raum beißt. Eine Blausäurevergiftung, zum Beispiel durch Zyankali, riecht nach Marzipan. Heute weiß ich, dass sich die Artenvielfalt der Darmbakterien an all das adaptiert, was ihnen angeboten wird. Im Darm werden Substanzen produziert, die letztlich wie Hormone auf das Nervensystem wirken und daher auch unser Denken und Handeln indirekt beeinflussen. »Du bist, was du isst.« Der Satz stimmt schon in einem bestimmten Maße, weil das Essen auch die Persönlichkeit mitbestimmt.

Ich habe mich schon sehr früh für den Mageninhalt von Toten interessiert. Der von mir verehrte Professor Holczabek, mein erster Chef, lehrte mich, dass man den Todeszeitpunkt eines Opfers eingrenzen kann, indem man den Inhalt seines Verdauungstraktes in Einzelportionen zerlegt, mit einem Sieb schlemmt – so wie das Goldschürfer in Flüssen tun –, um die Partikelchen, die nicht verdaubar sind, ausfindig zu machen.

Durch sie kann man dann erforschen, was der Verstorbene wann gegessen hat.

Ich erinnere mich noch gut an die TV-Sendung »Was bin ich?« mit Robert Lembke. Er forderte jeden Gast, dessen Beruf zu erraten war, zu einer typischen Handbewegung auf. Ich hätte dort eine Bewegung mit aneinander reibenden Fingerspitzen vorgeführt. Das hätte die Leute selbstverständlich völlig in die Irre geleitet. Dennoch ist das eine der typischen Handbewegungen des Gerichtsmediziners: der Griff in den Magen und das Betasten seines Inhaltes.

Wir schneiden den Magen auf und greifen vorsichtig mit den Fingern, selbstverständlich mit Handschuhen, in den Mageninhalt hinein und zerreiben ihn. Wenn wir feinen Sand spüren, dann sind das oft Medikamentenrückstände, ein untrügliches Zeichen, dass jemand Tabletten eingenommen hat, möglicherweise um sich umzubringen. Manchmal finde ich aber auch Kümmel oder Paradeiskerne. Lange halten sich Oliven im Verdauungstrakt. Sie sind schwer verdaulich, werden aber auf ihrem Weg durch den Darm ausgelaugt. Die dunkle Haut der Olive hält sich wahnsinnig lang. Schwammerlreste sind nahezu unverdaulich.

Wenn man wie ich gerne kocht, kann man beim Sezieren die Phantasie spielen lassen. Da sind jetzt Pilze, und da sind grüne Flankerln, sie riechen noch nach Petersilie. Und dann sind da noch Nudelreste. Also: Pasta mit Pilzen.

So kann man aus dem zerbissenen Mageninhalt versuchen, die letzten Mahlzeiten und somit die Essenszeiten vor dem Tod einzugrenzen, aber auch Orte lokalisieren, wo sich der Mensch aufgehalten haben mag. War der beim Italiener oder beim Chinesen? Das hilft vielleicht der Polizei, um Zeugen ausfindig zu machen. Das Grausliche wird so plötzlich eine Herausforderung und somit hochinteressant. Dieses genaue Hinschauen, das Riechen, hat mich schon als Kind fasziniert, etwa wenn ich vor einem geöffneten Schwein gestanden bin, das mit dem Kopf nach unten aufgehängt war.

Meine Mutter hat früh erkannt, dass mir das Zerlegen von Tieren liegt. Da wir am Brunnenmarkt gewohnt haben, hat sie bei den Bauern im Herbst frische Feldhasen gekauft. Mir wurde als Bub die Aufgabe übertragen, die Hasen »abzubalgen«. Im Küchentürstock waren oben in den Ecken je ein Nagel eingeschlagen. Daran habe ich die Hasen mit dem Kopf nach unten aufgehängt und sie aus dem Fell herauspräpariert. Die Innereien habe ich dann entsorgt, wenn sie zum Beispiel mit Zysten von Parasiten versehen waren, alles genau betrachtet und dann die Hasen so kunstvoll zerlegt, dass man sie entweder einfrieren oder weiterverarbeiten konnte.

Ich hatte aber noch eine Aufgabe, die mich besonders forderte. In seiner Kindheit hat mein Vater einmal in der Küche aus einer Flasche, die unter der Abwasch stand, einen Schluck Lauge getrunken. Sie hat seine Speiseröhre verätzt. Er hat das Gott sei Dank überlebt, aber er konnte für den Rest seines Lebens nur mehr kleine Bissen schlucken, da die Speiseröhre verengt war. Mein Vater war daher ein bedächtig kauender Mensch. Und immer, wenn die Mutter Wild gekocht hat, war er derjenige, der auf die Schrotkugeln gebissen hat. Ich bin oft dafür gerügt worden, dass ich beim Zerlegen wieder ein Schrotkugerl übersehen hätte. Man sehe doch am Fell und an der Muskulatur, wo der Einschuss der Schrotkugel ist. Dort muss man die Projektile am Ende des Schusskanals suchen, finden und bergen, damit der Vater, wenn er den Hasenbraten isst, nicht draufbeißt. So habe ich mich früh mit Schusskanälen und Projektilen beschäftigt. Man sieht, das Sezieren und Präparieren zieht sich ein bisschen durch mein Leben.

Für mich war damals klar: Ich möchte Veterinärmediziner werden. Aber ich wollte nicht die Hunderln und Katzerln in der Großstadt impfen und Zahnstein entfernen, sondern aufs Land hinausziehen und die Betreuung von Nutztieren am Bauernhof übernehmen, bei der Geburt von Kälbern dabei sein. Kurz vor der Matura waren meine Eltern plötzlich dagegen. Sie meinten, das mit der Veterinärmedizin soll ich mir aus dem Kopf schlagen, das unterstützen sie nicht, weil sie der Ansicht waren, viele Tierärzte würden dem Alkohol zusprechen. Meine Mutter, die als Gemeindebedienstete der Stadt Wien beruflich auch mit fleischbeschauenden Tierärzten zu tun hatte, hatte nämlich beobachtet, dass viele Veterinärmediziner im Schlachthof zu saufen begonnen haben. Ich verstehe das ja. Wenn ich begeistert Tiermedizin studiere, um Leben zu bewahren, und dann auf dem Schlachthof zuschauen muss, wie die Viecher reihenweise niedergemetzelt werden, dann kann es vorkommen, dass man das psychisch nicht verkraftet und sich mit Alkohol betäubt. Meine Mutter hatte noch ein Argument: Wenn du zu den Bauern auf das Land gehst, hat sie gesagt, dann musst du dich jedes Mal nach der Geburt eines Kalbes in die Stube setzen. Und dann heißt es: »Dokta, a Schnapserl« und »Dokta, noch a Schnapserl«.

Diese Angst vor dem Alkoholismus war eines der Motive, warum mir die Mutter die Veterinärmedizin nicht erlaubt hat. Ich war meiner Zukunft beraubt, weil ich mir gedacht habe: Jetzt haben sie mir meine Lebensplanung weggezogen, was mache ich jetzt? Vielleicht doch Humanmedizin?

Während der Maturazeit war ich ziemlich schüchtern und auch wenig kommunikativ: Ich habe mir vorgestellt, den Leuten erklären zu müssen, sie seien unheilbar krank, und ich mache ihnen Mut mit Sätzen, wie Ärzte sie so sagen: »Nein, wir werden das schon …« Und »machen Sie sich keine Sorgen, wir haben heute gute Methoden«. Das kann ich nicht, das will ich nicht, das schaffe ich nicht. Mit leidenden Patienten will ich eigentlich nichts zu tun haben. Aber es gibt ja noch die Labormedizin, die hätte mich interessiert.

Am Anfang des Medizinstudiums hat mir ein Kommilitone einen Job in einem Labor eines Krankenhauses vermittelt. Mit 19 Jahren habe ich mich bei der Oberin dieses Wiener Krankenhauses vorgestellt und gesagt: »Grüß Gott, mein Name ist Reiter, ich wäre der Ferialpraktikant für den Juli.« Der Job war aber auf einmal schon vergeben, irgendein Fehler in der Personalplanung. Da sagte sie zu mir: »Auf der Pathologie hat einer der Prosekturgehilfen eine Hepatitis bekommen. Gehen S' auf die Pathologie rüber und schauen Sie sich das an!« Meine Güte, habe ich mir gedacht: Ich habe noch nie eine Leich' … Damals hat man in den ersten zwei Semestern nur Knochen betrachtet, aber keine Toten. Sie erwiderte: »Sie werden sehen, das wird Ihnen gefallen.«

So bin ich auf die Pathologie rüber. Da war dann ein Prosekturgehilfe, der Herr Lehner. Ich kann mich noch genau an ihn erinnern, ich habe ihn leider viel später seziert, weil er sich aus Liebeskummer erschossen hat. Er war sehr sympathisch, hatte aber viele private Probleme. Er hat gesagt: »Bua, komm her, pack an.« Dann habe ich schon die Füße von meiner ersten Leich in den Händen gehabt und diese umgelagert. Und dann hat er mir dieses ganze Geschäft beigebracht: das

Ankleiden der Leichen, das Rasieren ihrer Stoppelbärte, alle Tätigkeiten im Seziersaal. Ich habe mich dort gut betreut gefühlt.

Ich habe die Aufgabe übertragen bekommen, mit Frau Oberarzt Pechotsch zu sezieren. Sie hatte die Gewohnheit, eine Rauchpinzette zu verwenden. Frau Doktor Pechotsch war nämlich eine starke Raucherin, eine Viertelstunde ohne Zigarette war ihr unmöglich. Deshalb musste sie während des Obduzierens rauchen. Sie hatte neben dem Seziertisch das Diktiergerät, in das sie ihre Befunde diktierte, und dann gab's einen Aschenbecher auf dem Tischerl und eine Rauchpinzette. Mit ihren blutigen Händen hat sie diese Pinzette ergriffen und mit ihr die Zigarette zum Mund geführt, einen Zug genommen und sie dann wieder in den Aschenbecher abgelegt und die Pinzette daneben.

Irgendwann habe ich diese Rauchpinzette »entehrt«, indem ich sie für eine Leiche verwendet habe. Die Oberärztin hat sich fürchterlich darüber aufgeregt, weil ihre Rauchpinzette in der Bakteriologie noch einmal autoklaviert und somit desinfiziert werden musste.

In der Pathologie habe ich mich sehr wohl gefühlt, phasenweise habe ich auch im histologischen Labor gearbeitet, wo das Operationsmaterial zu mikroskopischen Schnitten verarbeitet wurde, das die Ärzte dann befundet haben. Die verschiedenen Färbetechniken zur Darstellung spezieller Gewebestrukturen haben mich fasziniert. Ich werde Pathologe, das wird es, habe ich mir gesagt.

Im Sommer 1978, mit dem Studium war ich fast fertig, hat der Professor Holczabek von der Gerichtsmedizin die Frau Professor Piringer angerufen: »Wir haben ein großes Personalproblem auf der Gerichtsmedizin«, hat er gesagt, »weil uns zwei Obduktionsassistenten krank geworden sind. Können Sie mir nicht für einen Monat jemanden von Ihrem Personal zur Verfügung stellen?« Sagt sie: »Wir haben da einen Medizinstudenten, der kann das alles, und der arbeitet auch bei uns immer wieder. Den können wir ja fragen, ob er gerne zu Ihnen kommen würde.«

Anfangs wäre geplant gewesen, mich nur als Seziergehilfe im Institut einzusetzen. Kaum war ich aber auf der Gerichtsmedizin in der Sensengasse, hat es geheißen: »Packen S' das Werkzeug zusammen, wir fahren nach Hainburg, wir haben einen Schuss.« Ich bin dann mit dem wissenschaftlichen Oberrat Skala nach Hainburg gefahren, und wir haben dort diesen »Schuss« seziert. Ich habe mir gedacht, Pathologie ist ja ganz spannend, die beschäftigen sich mit Krankheiten aller Arten. Der Gerichtsmediziner muss aber sowohl die Krankheiten kennen als auch alle Spielarten des gewaltsamen Todes. Er muss die Natur kennen, die Botanik, die Zoologie, die Abgründe des Menschen, die Kulinarik und technische Details. Und da stand für mich fest: Das ist es!

WANN IST MAN TOT?

Sein ganzes Studium hindurch hatte Reiter nun auf der Pathologie als Prosekturgehilfe gearbeitet. Herr Lehner, der alte Obduktionassistent, hatte ihn die wichtigsten Handgriffe gelehrt, das Messerschleifen, das Zunähen, das Leichenrasieren, das Einsargen. Nichts konnte Reiter in einem Leichenhaus noch überraschen, zumindest dachte er das bis zu jenem Tag, an dem er auf das magere Männlein traf.

In einem Kühlhaus, das sah der Student Reiter täglich, werden die Toten von den Krankenträgern deponiert, nachdem auf der Krankenstation der Tod diagnostiziert worden ist. In kleinen Kühlfächern warten sie entkleidet und in ihre ursprünglichen Leintücher gehüllt auf ihre Obduktion, »so wie wir das von Kriminalfilmen kennen«, an den Zehen die berühmten Zettelchen. Wird eine Leiche für die obduzierenden Ärzte »aufgelegt«, schiebt der Prosekturgehilfe das Blech aus dem Kühlfach heraus und transportiert den Verstorbenen auf einem Wägelchen zur Obduktion zum Seziertisch. Die Pathologen erwarten, dass um acht Uhr morgens zumindest eine Leiche vorbereitet ist. Die Krankengeschichte »parat«, das Besteck hergerichtet: So sollte der Tisch »gedeckt« sein. Für diese Arbeit in aller Herrgottsfrüh' braucht es natürlich keine zwei Obduktionsassistenten, das kann auch einer allein, auch das wusste Reiter: »Den einen Tag deckte also der eine den Tisch, den anderen Tag der andere.« Es gab da allerdings ein Problem.

Manche Leichen wiegen schwer. Muss man also einen Toten allein aus dem Kühlhaus auf den Wagen und vom Wagen auf den Obduktionstisch ziehen, dann ist man gut beraten, sagt Reiter, »dass man sich keinen 150-Kilo-Mann auflegt, weil da reißt man sich das Kreuz ab«.

Der cand. med. Reiter sucht sich also auch an jenem Tag einen Leichnam, der nicht mehr als vierzig bis fünfzig Kilo wiegt, also womöglich »einen ausgezehrten Tumorpatienten, der leicht zu handhaben ist«.

Reiter schließt an jenem verhängnisvollen Tag, so wie immer, die Tür zum Hintereingang des Kühlhauses auf, das Licht geht an. Es ist eine dicke, thermoisolierte »Eiskastentüre«, wie wir sie von alten amerikanischen Filmen kennen. Er blickt auf alle Regale in Richtung der Türchen am Fußende.

Reiter sagt, die Leichen liegen dann im Kühlhaus wie die »Brote auf den Blechen in der Bäckerei«. Am Dreierblech, erkennt Reiter, »da liegt ein Magerer und am Fünferblech liegt ein Dicker«. Er wählt das Dreierblech.

Noch hat er es nicht herausgezogen, setzt sich die Leiche schon auf. »Es war ein mageres Männchen mit einem grauen Vollbart, mit einer Glatze, mit hinten einem Haarkranz«. Wie alle Leichen ist die Gestalt in ein Leintuch eingeschlagen. Sie starrt ins Leere und sagt: »Seid's deppert?«

Heute erzählt Reiter, er sei so sehr erschrocken, dass er »dieses Türl schnell wieder zugemacht habe«. Was soll er tun?

Kurze Zeit später kommt der alte Prosekturgehilfe, »ein g'standener Mann mit einem moderaten Alkoholkonsum«.

»Bua, was schaust denn so?«

»Da sitzt einer drinnen!«

»Na, dann werden wir ihn halt herausholen.«

Der Prosekturgehilfe sei in keiner Weise davon überrascht gewesen, dass da ein Lebender im Kühlhaus liegt, setzt Reiter fort. Er trägt den »Mageren mit dem Haarkranz« in den Sozialraum, wo die Gehilfen in der Pause Karten spielen und Kaffee trinken. Dort bettet er ihn auf das abgewetzte Sofa. Der alte Obduktionsassistent sagt: »Hol ein paar Leintücher, wir machen ihm ein Nesterl.« Und das haben sie dann auch getan.

Reiter rubbelt den unterkühlten Patienten wieder warm, aber »er war nicht ansprechbar und verwirrt«, weil in der Kälte die Sauerstoffversorgung des Gehirns heruntergedrosselt wird. Daher hat der Patient von dem gruseligen Drama wohl auch nichts mitbekommen. »Ruf an auf der Kardiologie, die sollen ihn wieder holen«, sagt der Prosekturgehilfe. Reiter wundert sich, dass ausgerechnet die Kardiologie einen Lebenden ins Kühlhaus schickte, weil ja dort ständig die Vitalfunktionen apparativ überwacht werden. Er vermutet, dass »irgendeine Hilfskraft über irgendein Kabel gestolpert ist«. Das Glück des Mageren: Er ist um sechs Uhr in der Früh »gestorben«. Das hat ihm das Leben gerettet. Ein paar Stunden mehr bei vier Grad Celsius im Kühlhaus, und er wäre erfroren, und kein Pathologe – diese sind im Erkennen eines Erfrierungstodes nicht ausgebildet – hätte diesen unnatürlichen Tod erkannt.

Als Reiter mir diese Geschichte zum ersten Mal erzählte, packte mich ein richtiger Lachkrampf. Ich stellte mir vor, wie der junge Student von dem »mageren Männlein« erschreckt wurde, wie er den Kühlschrank schließt. In meiner Phantasie rannte ihm das Männlein nach, wie ein Vampyr im Land der Heiducken.

Natürlich war mein Lachen deplatziert, es entsprang meiner Angst vor dem Wiener Spitalswesen. Und die Angst wurde mir nicht genommen, als ich Reiters Antwort auf die Frage »Wie oft passiert so etwas?« hörte. Reiter: »Ich glaube, das war die Spitze eines Eisberges.« Die Diagnose des Todes eines Menschen sei von Ärzten mitunter leichtfertig vorgenommen worden. Aus dem Lainz-Prozess, als vier Stationsgehilfinnen als sogenannte »Mörderschwestern« angeklagt wurden, dutzende alte Menschen umgebracht zu haben, ist Reiter dieser Dialog in Erinnerung geblieben:

»Wer hat denn bei euch auf der Station damals den Todeszeitpunkt dieser verstorbenen Personen festgestellt?«

»Die Ärzte wollten in der Nacht nicht gestört werden, und da haben halt wir das gemacht.«

»Und wie habt ihr das gemacht, festzustellen, ob jemand tot ist?«

»Na, da haben wir ihn gezwickt. Wenn er zusammengezuckt ist, dann haben wir gewusst, er lebt. Oder wir haben ihm mit dem Finger auf die Hornhaut des Auges getippt. Wenn er geblinzelt hat mit den Lidern, dann haben wir gewusst, er lebt noch. Dann haben wir auch geschaut, ob er atmet.«

»Und wenn er nicht geatmet hat, und wenn er nicht geblinzelt hat, und wenn er auf's Zwicken nicht reagiert hat?«

»Ja, dann haben wir gesagt, dass er tot ist und auf die Pathologie gehört.«

Und ist man dann tot? Keinesfalls, sagt Reiter. Erst wenn der Körper sogenannte Totenflecke im Nacken ausbildet oder über längere Zeit ein negatives EKG geschrieben wird, erst dann darf ein Mensch auf die Pathologie verschafft werden. Und das »magere Männlein mit dem weißen Haarkranz«? Es konnte sich wohl aufgrund der Beeinträchtigung seiner Hirnfunktionen infolge der Unterkühlung an kaum etwas erinnern, und selbst wenn, »hatte es allenfalls einen schlechten Traum«.

»Man kann getötet werden, solange man stirbt.« Diesen Satz lernt Reiter damals als angehender Gerichtsmediziner. Reiter erzählte mir einmal den Fall einer älteren Dame, die sich jeden Tag mit ihren Nachbarinnen in ihrem alten Wiener Zinshaus an der Bassena zum Tratschen getroffen hatte. Als sie eines Tages nicht erschienen war, in ihrer Wohnung aber der Fernseher lärmte, brach die Feuerwehr die Wohnung auf und sah die Dame am Boden liegen, leblos.

Die Feuerwehr ruft den Rettungsarzt. Der Rettungsarzt stellt den Tod fest und ruft den Totenbeschauarzt. Auch der Totenbeschauarzt stellt den Tod fest und ruft nun die Bestattung. Und die will den Leichnam »einsargen«. Als die Herren diese Dame vom Boden aufheben, »einer packte sie unter den Achseln und einer bei den Füßen«, stöhnt sie auf, und der Bestatter sagt: »Die gehört aber nicht zu uns.« Die Bestatter rufen also wieder die Rettung, aber die Patientin stirbt nach einem kurzen Aufenthalt im Spital.

Reiter sollte für das Gericht nun ergründen, ob die Frau überlebt hätte, wenn der erste Rettungsarzt und der Totenbeschauarzt korrekt gehandelt hätten. Er stellt eine »signifikante Risikoerhöhung« durch die Verzögerung der Therapie fest. Der Totenbeschauarzt wird wegen fahrlässiger Tötung verurteilt. Der erste Rettungsarzt nicht. Warum? »Das wurde nie begründet.«

DAS KLEINE MÄDCHEN, DER BURLI UND DAS LOSUNGSWORT »HIMMEL«

»Auch Sterbende kann man töten.« Reiters Satz klingt nach, er zeigt auf das Schicksal jener, die dank mangelhafter Leichenschau zu früh für tot erklärt oder gar lebendig eingesargt wurden. Die Erkenntnis verweist aber nicht nur auf das Drama der Scheintoten, sondern auch auf die Nöte jener, die schwach, krank und wehrlos in der Obhut von Pflegerinnen oder Ärzten standen, also in staatlicher Betreuung, und während des Sterbens zu Tode gequält wurden. Weil sie dem Pflegepersonal – in den meisten Fällen unterprivilegierte, schlecht bezahlte, ausgebrannte Frauen – zu anstrengend oder lästig geworden waren.

Reiter kennt diese Fälle unkontrollierter Grausamkeit, Gier und Sadismus. Die Ursachen, diese Kriminalität früh zu erkennen, ist in Zeiten des Pflegenotstands gebotener denn je. Ich hatte im *Falter* noch im Jahr 2019 über drei Pflegerinnen und einen Pfleger eines Heimes im niederösterreichischen Kirchstetten berichtet. Es war ein Heim einer kirchlichen Stiftung, sein Vorstand, ein berühmter Arzt, verdiente etwas mehr als der Bundespräsident, aber die angeklagten Pflegehelferinnen nur etwa 1200 Euro im Monat. Sie hatten alte Menschen nicht nur mit heißem Duschen oder Schlägen gequält, sondern sie zum Gaudium der Station im Bett wie Prostituierte geschminkt, aufreizend mit Strümpfen gekleidet, sexuell missbraucht und ohne Bettdecke vor das offene Fenster geschoben. Der Fall löste erstaunlich wenig öffentlichen Aufschrei aus, dabei hatte die Kontrolle völlig versagt. Ich konnte damals dank einer Whistleblowerin die Whatsapp-Chats der Pfleger lesen: Sie waren ein Protokoll des Grauens. Eine Schwester, die später zu einer jahrelangen Haftstrafe verurteilt wurde, erhielt in einer Chat-Nachricht den Auftrag: »Blauensteiner, walte Deines Amtes!«

Ich war damals beim Gerichtsprozess in St. Pölten; ich sprach sogar mit diesen Frauen, die vor dem Gerichtsgebäude während einer Rauchpause beschämt über ihr eigenes Verhalten auf ihr Urteil warteten. Ihre Taten hatten sie komplett verdrängt, abgestritten und von sich abgespalten. Auf ihren Facebook-Seiten, durch die ich scrollte, präsentierten sie sich als liebevolle Mütter, tierliebende Frauen.

Ganz normale Menschen verwandeln sich zu Sadisten. Warum ist das so? Reiter ist einer der Ärzte, die genau diese Metamorphose von Helferinnen zu Mörderinnen an zwei Fällen aus dem Blick des Gerichtsmediziners studierten. Er wurde 1989 bekannt durch den Fall der sogenannten »Mörderschwestern von Lainz«, die zahlreiche Patienten mit, wie es genannt wurde, »Mundpflege« ermordeten. Und er deckte in den neunziger Jahren die Verbrechen jener Frau auf, deren Name bis heute in Chatgroups gewissermaßen satirisch verwendet wird: Elfriede Blauensteiner.

Im Jahr 1996 beschrieb der spätere Bestsellerautor Daniel Glattauer, damals noch Gerichtsreporter der Wiener Tageszeitung *Der Standard*, die Blauensteiner als »rüstige Wienerin, die statt Tauben alte Menschen, vorzugsweise alleinstehende Männer, vergiftet«. Naturgemäß fiel das jahrelang keinem auf, schrieb Glattauer, aber »ihretwegen werden jetzt wieder Gräber geöffnet und Leichen exhumiert«. Warum tat sie das? Weil sie gierig war und böse?

Es lag an Christian Reiter, diese Exhumierungen durchzuführen, Grüfte und Särge zu öffnen, um die Mordserien akribisch aufzuklären. Eine Tätigkeit, die ihn faszinierte, wie er mir ja oft erzählte. Die Medien interessierten sich im Fall Blauensteiner vor allem dafür, wie perfekt und intelligent Blauensteiner mordete. Mich interessierte das kaum. Die Inszenierung der eleganten Dame als »Schwarze Witwe«, »Witwe Blaubart« oder »Mords-Omi« war nicht der Stoff, der mich als Jurist und angehender Journalist berührte. Eine Frau, die Männer aus Habgier mit blutzuckersenkenden Tabletten, Euglucon, ermordete und den Kameraleuten ein Kruzifix vor die Linse hält: Solche Gerichtsgeschichten, so dachte ich, deckten keine Missstände auf, keinen Reformbedarf, keine staatlichen Verfehlungen. Sie waren Unterhaltungsstoff eines sensationslüsternen Lesepublikums, und die Rollen waren erwartbar verteilt. Da die Bestie, dort die Opfer.

In Reiters Studierzimmer wühle ich, fast dreißig Jahre nach dem ersten Blauensteiner-Prozess, im Handarchiv des Professors. Er hat die Blauensteiner-Akte für mich vom Dachboden geholt, wo er sie wie ein Geschichtsdokument aufbewahrt hat. Ich sehe Fotos des jungen Mediziners Reiter, Polizeifotos der Leichen, ich lese die akribisch transkribierten Tonbandprotokolle der Gespräche von Gerichtspsychiatern mit Elfriede Blauensteiner. Oder das Transkript von Reiters packend vorgetragenem Sachverständigengutachten, in dem er die Geschworenen »durch den Garten der Medizin« führt, über Paracelsus doziert (»Jed's ist ein Gift«) und ihnen erklärt, wie man unterzuckerte Menschen retten könnte (»Zuckerwürfel zwischen Wange und Zähne«).

Und plötzlich versinke ich in Blauensteiners Erzählungen über ihre Kindheit im Wien der Nazizeit, über ihr Überleben im brutal kalten Nachkriegsösterreich. Die Protokolle sind im O-Ton protokolliert, man hört die Wiener Mörderin förmlich näseln. Ich blättere auch durch die Kontaktanzeigen ihrer ermordeten Männer, hilflose Witwer, einst Kriegskinder, patriarchal erzogen, aber nie wirklich selbständig geworden. Sie werden auch im hohen Alter noch »Burli«, »Fritzi« oder »Rudi« genannt.

Ich betrachte die von der Polizei angefertigten Bilder der Opfer, sehe ihre blassen, nackten Körper auf dem Seziertisch. Geschundene Männer, die sich in ihrer Verlorenheit mittels Inserat einer Frau anvertrauten, die ihnen wie eine Magd den Haushalt führen und sie verwöhnen sollte. Und dann lese ich Reiters Rekonstruktion von Blauensteiners medizinischen Beobachtungen.

Der Fall Blauensteiner fügt sich zu einem großen gesellschaftspolitischen Drama, so, als ob die Schriftsteller Thomas Bernhard, Elfriede Jelinek, Wolf Haas und Peter Turrini eine vielstimmige Geschichte der Zweiten Republik aufgeschrieben hätten. Der Fall Blauensteiner, betrachtet durch die in Reiters Studierzimmer ausgebreiteten Akten, ist mehr als die Geschichte der »Bestie« oder einer »Schwarzen Witwe«, es handelt sich um das Schicksal eines Mädchens, geboren 1931, das während der Nazizeit und im finster-verlogenen Nachkriegsösterreich zum Gewaltopfer wurde.

Es ist auch das Drama eines misshandelten Kindes, einer von ihrem Stiefvater und später von ihrem Mann getretenen Frau. Traumatisiert durch erbarmungslose Eltern. Es ist die Geschichte eines Mädchens, das schon früh das Glücksspiel als Flucht aus ihrer Not lieben lernte – und die dabei ihr Taschengeld an den herzlosen Stiefvater verlor.

Als Erwachsene, so zeigen es die Akten, wollte sie offenbar eines nicht: erneut verarmen, wieder Opfer von Männern werden. »Sie hat nun einmal zwei extreme Feindbilder in ihrem Leben: Armut und Männer. Irgendwann fand sie ihr todsicheres Mittel dagegen«, erkannte Glattauer. Sie schlüpfte nun in die Rolle der Gewalttäter. Sie war jetzt jene, die sich holte, was anderen gehörte. Sie übte rohe Gewalt aus gegen Schwache und Moribunde.

Tonbandprotokoll der Untersuchungsgespräche zwischen Elfriede Blauensteiner und der Gerichtspsychiaterin Sigrun Roßmanith, aufgenommen im Halbgesperre des landesgerichtlichen Gefangenenhauses Wien im März 2002:

»Mein Vater ist gestorben, da war ich zwei Jahre. Ich habe sechs Geschwister gehabt, ich war das jüngste Kind. Zurück erinnern kann ich mich, wie ich so vier, fünf Jahre alt war. Es war nie ein gutes Verhältnis zu meinen Geschwistern, auch nicht zu meiner Mutter. (…) Einen Tritt auf den Boden und weg mit uns, das Essen war wenig. Wir haben es aber alle überlebt. Es sind dann noch vier Kinder gekommen, denen ist es aber nicht viel besser gegangen. Es ist dann der Krieg gewesen, wie ich angefangen habe mit der Schule. Zuerst sagte man

›Grüß Gott‹ und ein halbes Jahr später ›Heil Hitler!‹ Alle hatten Angst vor'm Hitler, jedoch der Stiefvater war sofort was. Der war ein Niemand, der war vorher gar nichts. (...) Wir haben betteln müssen. Wir haben müssen mit Fetzen gehen (...) Die Mutter hat, ohne dass man was gemacht hat, einem gleich eine gegeben, aber das hat nicht weh getan. Diese Schläge haben nicht weh getan, doch das stinkende, verwuzelte, dreckige Gewand, das hat weh getan (...) Wir waren arme Kinder. Wir hatten nichts, wir hatten Hunger (...) Ich wollte immer etwas verdienen. Ich war die Bettlerin für die anderen Geschwister (...) Wir mussten in einer selbstgebauten Hütte auf einem Acker wohnen, nichts unterkellert, am Boden schlafen. Da hat jeder sein Platzerl gehabt, und wer einen Mantel gehabt hat, der hat sich zudecken können, und wer keinen gehabt hat, der hat sich halt nicht zudecken können. So war das.

Die Mutter hat ein Kind geboren in demselben Raum. Man hat nichts vernommen, außer dem Kindergeschrei. Die Mutter hat sich nicht gerührt. Wir haben nicht hingeschaut (...) Das Wasser war eingefroren, wir mussten in die Schule. Da hat sie ins Lavoir Lulu gemacht und gesagt, der Urin einer Frau, die soeben entbunden hat, ist das Beste, was es gibt, wir sollen uns waschen. Wir haben uns mit dem Urin gewaschen. Man stinkt, als hätte man sich selbst angemacht. Das sind die Erinnerungen, die ich zum Teufel wünsche, aber ich verliere sie nicht. Ich kann meiner Mutter nicht verzeihen.«

Ich blättere durch dutzende Seiten solcher Schilderungen, die in den Zeitungen nie im O-Ton, sondern allenfalls kursorisch veröffentlicht worden sind. Blauensteiners Geschichte, die Geschichte Wiens aus der Perspektive der kleinen Elfi, hatte die Öffentlichkeit damals nur am Rande interessiert. Die

Morde waren faszinierender als die Sozialisierung der Täterin durch eine patriarchale und brutale Kriegsgeneration.

Blauensteiner erzählt einmal sogar von den Lkws, die »vor dem Judentempel« in der Nachbarschaft standen, und bemerkt, dass dort »trotz kühler Temperatur alle Fenster offen standen, und vor dem Haus warteten Frauen mit langen Kleidern und Binkeln sowie Lastautos«. Die Eltern erzählen ihr, dass sie »abtransportiert würden, und dass es so richtig sei«.

1939, kurz nach Kriegsbeginn, erlebt das achtjährige Mädchen den Tod ihrer kleinen Schwester. Elfriede kommt von der Schule nach Hause, und da lag tatsächlich die elf Monate alte Hermine bis zum Hals bekleidet, den Unterkiefer mit einem Taschentuch hochgebunden. Die Eltern waren ja nie mit einem Kind zum Arzt gegangen. Dieses Mädchen war erstickt, wegen eitriger Mandeln.

Die Eltern seien nach dem Begräbnis »ins Kepler-Kino gegangen, denn der Vatile musste sich ja ablenken«. Der Stiefvater, der lieber die 16-jährige Schwester hätte heiraten wollen als die elf Jahre ältere Mutter, schlug dieser Schwester oft grundlos das Auge blau, einfach so.

Diese Melange aus Gewalt, bitterer Not und dem Ausgeliefertsein zieht sich durch Blauensteiners Leben. Einem Sachverständigen erzählt sie fast en passant, wie sie als Schwangere ein Kind verliert, weil sie ihr erster Mann offenbar grundlos misshandelt.

»Er kommt und gibt mir einen Klaps auf den Po. Normal ist das ein Annäherungsversuch und macht mir auch nichts, aber mir hat schon alles so weh getan. Ich habe gesagt, mir tut schon alles weh, das war zuviel, er nimmt den Deckel von dem Häfen und haut ihn mir auf den Bauch. Ich habe die Hände über den Bauch gehalten, und er hat so zugeschlagen, und ich habe geschrien, er soll mein Kind lassen. Um zwölf Uhr in der Nacht war der Blutsturz, ich bin ins Spital, und das Kinderl hat sterben müssen. Sie haben ihn Gott sei Dank getauft, eine Nottaufe. Wenn das heute einer macht, sitzt er fünfzehn Jahre im Knast.«

Blauensteiners junges Leben ist geprägt von Gewalt, nur manchmal erlebt sie Gefühle des Glücks – beim Glücksspiel.

»Ich bin einmal mit zwei Mark (die ich mir beim Brotholen verdient habe) nach Hause gekommen, und statt dass ich meinen Mund gehalten hätte, hat der Stiefvater gesagt, ob ich spielen will mit ihm. Da hat er einen einarmigen Banditen, einen Automaten gehabt. Das war so ein Spielzeugautomat. Da hat man genau wie bei den Großen Zwetschken, Kirschen oder so haben müssen. Natürlich habe ich das verspielt. Ich hatte ein gutes Gefühl, ich habe mit dem Stiefvater spielen dürfen. Das war eine Auszeichnung.«

Blauensteiner wird spielsüchtig und gewinnt immer wieder hohe Beträge. Sie, die als Milchmädchen und Kellnerin in der Konditoreikette Aida arbeitete, kann sich plötzlich Pelzmäntel, Schmuck, elegante Kleidung und ein besseres Leben leisten. Sie steckt sogar den Croupiers Geld zu, wie sie dem Gericht erzählt. Und sie wird zu töten beginnen, um an Geld für ihre »entgleiste Spielleidenschaft« (Gutachterin Roßmanith) zu gelangen. In drei Fällen überführte sie das Gericht des Mordes, in zwei weiteren war sie dringend verdächtig, aber der letzte Beweis war nicht zu erbringen. Blauensteiner ist 65 Jahre alt, als ihre Mordserie auffliegt – durch Christian Reiter. Ihr letztes Mordopfer gelangte auf seinen Seziertisch, es ist Alois Pichler.

Rossatz in der Wachau im Jahr 1995. Alois Pichler gibt in den *Niederösterreichischen Nachrichten* eine Kontaktanzeige auf. »Witwer vom Staatsdienst im Ruhestand, alleinstehend, römisch-katholisch, 75, 1,65, fühlt sich einsam. Neues Haus in herrlicher Lage nahe Göttweig, Wachau. Führerschein erwünscht.«

Das Nachrichtenmagazin *profil* wusste später zu berichten, Pichlers Frau habe ihm noch zwei Jahre vor ihrem Tod einen Koffer gepackt, für den Fall, dass er irgendwann einmal ins Spital muss und sie vielleicht nicht mehr am Leben sein wird. Pichler war hilflos ohne seine Frau.

Elfriede Blauensteiner meldet sich auf seine Annonce, nennt Pichler liebevoll »Burli«, pflegt ihn, betreut ihn – und sperrt ihn weg. »Und auf einmal«, sagt Christian Reiter, »ist Pichler mit Unterzuckerungen krank geworden« und dann »sehr schnell und unerwartet verstorben«. Aber wie konnte das sein? Er hat doch gerade noch die Obstbäume beschnitten, er war »rüstig«, wie die Nachbarn einander erzählten, trotz der Kinderlähmung, die eines seiner Beine versteift hatte.

Elfriede Blauensteiner, so weiß man es heute, ist zu Pichlers Begräbnis mit einem Leibwächter erschienen, dem Herrn Wrba. Und der Herr Wrba gestand später im Fernsehen, Blauensteiner habe ihm am Weg vom Begräbnis nach Hause 300 000 Schilling angeboten, wenn er vor den Behörden bestätigte, dass ihr Alois Pichler das Haus vererbt habe. Er lehnte ab.

Christian Reiter hatte Pichler damals obduziert und war ratlos, denn »ich hatte bei der Leichenöffnung keine Todesursache gefunden, weshalb ich eine toxikologische Untersuchung veranlasste«. Also forschten die Chemiker weiter. In

Pichlers Körper finden sie eine Substanz in einer überhöhten Konzentration: das Medikament Anafranil, ein Psychopharmakon, ein Antidepressivum, kein potentes Gift. Reiter entdeckt dann noch etwas: Anzeichen einer Unterkühlung. Er befragt den Hausarzt, wieso er Anafranil verordnet habe. War er depressiv? Hatte er Schlafstörungen? Der Praktiker ist überrascht. Er hatte Pichler kein Anafranil verschrieben, er sei nie depressiv gewesen.

Reiters Hypothese: Blauensteiner hat Pichler durch die heimliche Verabreichung von Anafranil geschwächt, in einen Dämmerzustand verbracht und dann unterkühlt, sodass er starb. Dann rief sie die Rettung und zeigte sich empathisch besorgt. Ein perfektes Verbrechen.

Reiter alarmiert die Polizei: »Diese Frau ist schwer verdächtig.« Die Kriminalisten schlagen noch nicht zu, sondern sammeln Beweise. Sie hören Blauensteiners Telefon ab, durchleuchten ihr Vorleben, ermitteln die Namen ihrer Pfleglinge und ihrer verstorbenen Ehemänner. Dann schnappt die Fangschaltung tatsächlich zu: Blauensteiner gesteht gegenüber einer Freundin ihre Taten, prahlt förmlich damit. Sie habe ihre Pfleglinge mittels Euglucon geschwächt und dement gemacht – und in diesem Zustand ans offene Fenster gelegt und erkranken lassen. Weil ihr das Euglucon ausgegangen sei, habe sie Pichler stattdessen Anafranil in die Zitronenlimonade gegeben. Die Polizei nimmt Blauensteiner fest, sie gesteht, widerruft die Geständnisse, später wird sie einer Zellengenossin in der U-Haft allerdings erzählen, dass sie in der Tiefkühltruhe nasse Handtücher einlagerte, um Pichler damit einzuwickeln.

Aus dem Tonbandprotokoll der Blauensteiner:

»Ich habe in einer Woche eine Million Schilling gewonnen (…) Diese Million habe ich in ein Kuvert gelegt, habe es zugeklebt und habe darauf geschrieben ›dieses Geld gehört meiner Tochter‹. Später musste ich einen Ring versetzen, der hat 311 000 Schilling gekostet, und ich habe dafür 110 000 im Dorotheum bekommen, das Geld habe ich sofort verspielt. Ich habe einen Kredit aufgenommen mit öS 300 000, das habe ich alles verspielt. Ich habe zum guten Schluss alles verspielt, es ist nichts übriggeblieben. Ich habe mir 1994 gedacht, ich suche mir einen Lebenspartner.«

»Witwe, 64/1,64/63, gepflegt, alleinstehend, Führerschein, Stadtwohnung, Ortswechsel möglich, suche einfachen, unkomplizierten Mann.« So wirbt Blauensteiner in der *Kronen Zeitung* um ein weiteres Opfer. Fritz Döcker meldet sich aufgrund der Annonce.

»Der Herr Döcker hat mir geschrieben. Er war ein gütiger, ruhiger, besonnener Maurer in Pension, da gab es kein ordinäres Wort, da gab es keinen ordinären Witz. Und dann ist er krank geworden, ohne mein Zutun, weil ich hätte den Menschen auf Händen getragen. Er hat sich hingelegt und ist nicht mehr aufgestanden.«

Ich halte ein vergilbtes Foto in der Hand, es zeigt den toten Fritz Döcker. Auch er starb »eines unerwarteten und rätselhaften Todes«, nachdem Blauensteiner ihn betreut hatte.

Sie verabreichte ihm Euglucon, ein Medikament, das Zuckerkranke nach Mahlzeiten einnehmen sollen, um den erhöhten Blutzuckerspiegel zu senken. Bei Gesunden führt es zu Unterzuckerung, also zu Verwirrung, Schwächung und durch Hirnabbau zu Demenz.

Woher wusste Blauensteiner das? Sie beobachtete ihre Pfleglinge. Zum Beispiel eine ältere Dame, Frau Reinl. Sie nahm Euglucon irrtümlicherweise ein, ohne vorher gegessen zu haben. Frau Reinl wurde schwach. Blauensteiner kombinierte, dass das Medikament eine betäubende Wirkung hat. In diesem Zustand konnte sie ihre Opfer krank machen.

Der Mord an Döcker wäre nahezu perfekt gewesen. Sie schwächte ihn mit Euglucon, er wurde immer verwirrter – einmal glaubte er sogar, in einem Schweinestall zu wohnen –, und als sich Zeichen eines Hirnabbaus einstellten, ließ sie ihn in ein Spital einweisen, wo er dann nach ein paar Wochen an einer Lungenentzündung starb. Niemand schöpfte Verdacht. Und selbst wenn, hätte man nichts mehr finden können, denn das Gift war längst ausgeschieden und abgebaut, und der Leichnam wurde perfekt beseitigt, zumindest glaubte Blauensteiner das. Mit seiner von ihr gefälschten Unterschrift vermachte sie Döckers Körper der Anatomie. Dort sollte er anonymisiert und von Studenten zerlegt in einem Sammelgrab landen. Das war ihr Plan. Er erfüllte sich nicht. Aufgrund des abgehörten Telefonats nach Pichlers Tod interessierten sich die Kriminalisten auch für Döckers Schicksal. Christian Reiter meldete sich auf der Anatomie: »Ich suche eine Leich. Den Döcker Fritz. Gibt's von dem noch etwas?« – »Jaja«, lautete die Antwort des Anatomen, »der schwimmt noch im Bottich 5, den haben wir bis jetzt noch nicht seziert, weil wir momentan genug Leichen haben.«

Reiter sagt, Döcker sei eine »hervorragend erhaltene Leiche« gewesen. Die Todesursache »Lungenentzündung« hat er schnell diagnostiziert. Reiter aber ahnte, was Blauensteiner im Schilde geführt hatte: Sie schädigte die Körper ihrer Opfer mit Medikamenten so massiv, dass diese krank wurden und starben – allerdings erst zu einem Zeitpunkt, an dem das Gift nicht mehr im Körper nachweisbar war. »Das war das Geniale an ihrer Methode«, sagt Reiter. »Sie erfand einen zweizeitigen Tötungsmechanismus.« Schwächen durch Vergiften, Sterben an einer natürlichen hinzugetretenen Todesursache.

Was fehlte, war der letzte, der schlüssige Beweis für diese Theorie: der Nachweis von Euglucon. Christian Reiter fand ihn in der Gruft von Franziska Köberl, einer älteren Dame, die Blauensteiner wie eine Tochter bei sich aufgenommen hatte. Köberl hatte das, was Blauensteiner zum Spielen brauchte: Geld, sehr viel Geld. Zwei Millionen Schilling waren auf einem Sparbuch, Losungswort »Himmel«.

Obwohl auch Köberl nie zuckerkrank war, mischte ihr Blauensteiner Euglucon in wachsender Dosis in Getränke und Speisen. Köberl war aber eine Naschkatze, hatte immer eine Tafel Schokolade parat. Verspürte sie in der Folge von Unterzuckerung Heißhunger, stoppte Schokolade den fatalen Verlauf. Eines Tages aber war keine Schokolade vorhanden. Mit Verdacht auf Schlaganfall wurde sie in ein Krankenhaus transportiert. Die Rettung stellte eine »massive Unterzuckerung« fest und verabreichte ihr eine Zuckerinfusion. Aber zu spät: Sie verstarb laut Spitalsdokumentation infolge eines »Schlaganfalles, natürlicher Tod«, sie wird ohne Obduktion bestattet.

Reiters Glück dabei: Köberl leistete sich eine Gruftbestattung. Dabei wird der Leichnam luftdicht in einen Metallsarg eingelötet, er lagert darin wie in einer Konservendose. Der Metallsarg wird in einem hölzernen Übersarg in einen Betonschacht versenkt und kommt nicht in Berührung mit feuchter Erde. »Für einen Gerichtsmediziner«, sagt Reiter, »eine ideale Leiche.« Köberl habe sich »in einem hervorragenden Erhaltungszustand befunden«.

In Grüften, so lernt man von Reiter, liegen noch nach Jahren Tote, die man wie frische Leichen sezieren kann. Man müsse allerdings »bedenken, dass durch das lange Liegen die Organe sehr weich werden«. Es sei »alles sehr mürbe und zerfließlich«. Reiters Befund von Frau Köberl: kein Schlaganfall. Aber im Sarg war Flüssigkeit, darin enthalten: Euglucon. Anhand der Menge des Wirkstoffes errechneten die Chemiker, wie viele Tabletten Köberl verabreicht worden waren: weit mehr als therapeutisch üblich verordnet wird.

Blauensteiner war überführt. Die Geschworenen verurteilen sie in zwei Prozessen aufgrund von drei Morden zu lebenslanger Haft, zwei weitere Morde, einen an ihrem zweiten Mann Rudolf, klagt die Staatsanwaltschaft aus Mangel an Beweisen nicht mehr an. Blauensteiner hatte ihren Rudi vorsorglich einäschern lassen. Die Gerichtspsychiaterin, die sie stundenlang befragte, kam zu dem Ergebnis, dass sie geistig nicht »abnorm«, also voll zurechnungsfähig sei. Blauensteiner sollte den Rest ihres Lebens in der Justizanstalt Schwarzau verbringen. Dort starb sie aber schon im November 2003 im Alter von 72 Jahren.

Woher kommt nun das Böse? Aus den traumatischen Erfahrungen der Kindheit? Reiter, der Blauensteiner während der Gerichtsverhandlungen gelegentlich den Puls fühlte und ihr Vertrauen gewann, erinnert sich an eine »manierierte, zum Teil größenwahnsinnig wirkende Frau«. Immer wieder sagte sie: »Der liebe Gott und ich entscheiden, wer sterben wird.« In der Haft entdeckten Ärzte schließlich einen Hirntumor, der sie selbst zum Pflegefall machte und letztlich zu Tode brachte.

Heute noch beschäftigt Reiter eine Frage: Hat der Krebs

zur Zeit ihrer Taten schon gewuchert? Hirntumore entstehen oft als hirsekorngroße, meistens noch gutartige Geschwülste im Gehirn, die über Monate und Jahre unverändert fortbestehen können. »Und irgendwann explodiert dann dieses Knötchen.« Könnte es also so gewesen sein, dass schon dieses Körnchen damals ihre Persönlichkeit verändert hatte? Dass sie vielleicht gar nicht im Besitz des freien Willens mordete, sondern aufgrund ihrer Erkrankung?

Hirntumore, sagt Reiter, können Persönlichkeitsveränderungen hervorrufen. Die Leute können »überwertige Ideen entwickeln«, sie können enthemmter werden. Aber es ist nicht so, dass sie gänzlich unfähig sind, sich zu steuern. Die Krankengeschichte von Elfriede Blauensteiner werfe grundsätzliche Fragen auf: Ab wann beginnt jemand nicht mehr verantwortlich zu sein für seine Handlungen? Wie vieler Krankheit im Gehirn bedarf es, ehe ein Arzt zu der Ansicht kommt, eine Person sei nicht mehr verantwortlich für ihr Tun? Die »Bestie Mensch« ist also nicht nur das Produkt seiner Sozialisierung, sondern auch eine Konsequenz der Funktionsstörungen des zentralen Nervensystems. Reiter sagt: »Aber das alleine wäre doch eine banale medizinische Erklärung.«

DER HERR
DER FLIEGEN

»The Lord in His wisdom made the fly/
And then forgot to tell us why.«
OGDEN NASH

Als Christian Reiter als junger Assistent am Institut in der Sensengasse forschte, saß er in einem Kämmerchen, in dem es ein bisschen müffelte. Das lag natürlich nicht an Professor Reiter und auch nicht an dem einbalsamierten Arm, den er »zu wissenschaftlichen Zwecken«, wie mich der Professor beruhigte, auf einem Kasten verwahrte – eine Körperspende an die Anatomie. Das lag an den Fliegenmaden. Reiter züchtete sie neben seinem Schreibtisch, weil er damals noch kein Forschungslabor hatte.

Ehe ich mich den kleinen Würmern widme, sollte ich noch ein paar Dinge aufklären. Es gehört zum Alltag von Gerichtsmedizinern, dass sie ab und zu in Seziersälen über Maden steigen. Sie purzeln vom sogenannten »Obduktionsgut«. Sagt Reiter, das lasse sich nicht verhindern.

Ich erinnere mich an einen jungen Mann, der damals auf dem Seziertisch lag. Beim Joggen brach der Bursch zusammen, ein paar Tage lag sein Leichnam im feuchten Laub. Mich schreckten aber nicht die wimmelnden Maden im Gesicht des Toten, die wirkten auf sonderbare Weise abstrakt. Angst machten mir die schicken Turnschuhe an den Füßen des Burschen. Als dieser junge Mann seine Sneakers schnürte, so dachte ich, hätte er wohl nicht erwartet, was nur wenig später geschah. »Wer morgen bei mir am Tisch liegt, lebt heute noch.« Reiters Satz über unsere Vergänglichkeit geht mir nicht mehr aus dem Ohr. Juristen nennen es »die Erschütterung der Daseinsgewissheit«.

Damals war die Wiener Gerichtsmedizin ein vernachlässigter, ein heruntergekommener, ein würdeloser Ort. *Der Standard* schrieb von »übereinander gestapelten Leichen, Knochenhaufen in Schränken, Maden am Boden, verschimmelten Proben«. Rechnungshofmitarbeiter, die das Institut prüften, hätten »sichtlich angeekelt ihre Hosenbeine hochgezogen«. Maden gehören aber nun einmal zur Gerichtsmedizin, so ist die Natur, sagt Reiter.

Die Fliege schmeißt ihre Eier in die Körperöffnungen der Toten, darum nennt man sie auch »Schmeißfliege«. Feuchte Nasen- oder Mundhöhlen sind ihr ein Paradies, weil sie dort auch vor Ameisen sicher sind. »Ameisen lieben Fliegeneier, aber sie hassen nasse Beinchen«, klärte mich Christian Reiter auf.

Binnen wenigen Tagen verpuppen sich die Maden dann zu spröden Kapseln, aus denen, wie durch ein Wunder, die Fliege entschlüpft. Sie trocknet ihre Flügel, fliegt in die Welt, um ehebaldig ihr Geschmeiß abzulegen. Seit dreihundert Millionen Jahren wiederholt sich dieser Zyklus der nach wie vor wenig erforschten Insekten. Die Entwicklungsgeschwindigkeit der einzelnen Fliegenarten ist abhängig von Temperatur, Witterung und Licht. Und sie ist für Gerichtsmediziner ein Chronometer, ein Zeitstrahl. Er gibt den Behörden Auskunft darüber, wann die Eier abgelegt worden sind, und lässt sie daher ableiten, wie lange ein Mensch mindestens schon tot ist.

Reiter hat in seinem Studierzimmer einige Fälle vorbereitet, um seine Passion für Fliegen zu verdeutlichen. Die Akten liegen in kleinen Mäppchen auf dem Tisch, darin Fotos von Menschen, in deren Wunden Maden stecken. Und schon geschieht in meinem Kopf wieder diese Verwandlung: Ich verliere bei ihrer Ansicht den Grusel, schaue genau hin, obwohl die Bilder wirklich nicht besonders appetitlich anzusehen sind. Die Welt der Maden, die Christian Reiter mir offenbart, ist ein eigener Kosmos voller Rätsel und Wunder.

Einer der Fälle, die Reiter herauszieht, handelt zum Beispiel von einem Krankenpfleger, der der Vernachlässigung einer ihm anvertrauten Seniorin bezichtigt wurde. In der Windelhose der Dame fanden Ärzte sieben Millimeter lange Maden. Eine Straftat durch Vernachlässigung? Christian Reiter übernahm den Fall und offenbarte dem Gericht ein Geheimnis über fleischfressende Fliegen.

Der zweite Fall erzählt von einem Kriegsverbrechen, das im Städtchen Reichenau an der Rax verhindert worden war – angeblich dank einiger Maden und der Expertise eines Arztes, der in der NS-Zeit Karriere gemacht hatte.

Dann zieht Reiter eine Lithografie seines Urgroßvaters Jakob Wenzl aus der Lade, dem begabten Illustrator des Pestbazillus. Wenzl illustrierte wie immer akribisch und detailliert ein paar Maden, die in einer offenen Kopfwunde wuselten. »Sehen Sie die kleinen Punkte am hinteren Pol? Sogar die hat er gezeichnet. Und mit diesen Häkchen am vorderen Pol schieben sich die Maden voran, wie mit Eispickeln.«

Reiter reicht die vergilbte Lithografie über den Tisch und sagt: »Maden können heilen.« Diese Erkenntnis durfte er während seiner Ausbildung nicht publizieren. Wilhelm Holczabek, sein Lehrer, warnte ihn: »Halten Sie nur ja den Mund, sonst landen Sie in der Psychiatrie.«

Alles der Reihe nach: Reiters Leidenschaft für Maden beginnt in seiner Kindheit, und sie beginnt mit Igeln. Im Mühlviertel, nördlich von Linz, an der Grenze zu Böhmen, wo er in der Kindheit die Sommerfrische verbrachte, hingen die Bauern dem Irrglauben an, die stacheligen Tiere würden Hühnereier schlürfen. Man habe den Igeln »leider Gottes das schädigende Verhalten der Marder in die Schuhe geschoben«, erinnert sich Reiter. Oft haben die Bauern sie erschlagen oder ertränkt. Der Bub bittet immer wieder: »Wenn ihr irgendwo eine Igelmama mit Igelkindern findet, dann tötet sie nicht, sondern schickt sie mir nach Wien. Tatsächlich überreichte mir eines Tages in Wien ein Briefträger ein Paket mit Igeln.«

Reiter ließ die Tiere im Sommer im Schrebergarten der Großmutter frei laufen, im Winter bettete er sie in eine mit Laub ausgestopfte Kiste im Keller der elterlichen Wohnung. Er fütterte sie mit Mehlwürmern so wie seinen kleinen Laubfrosch. Diese Würmer, eigentlich Raupen, züchtete er selbst. Er besorgte in einer Tierhandlung Tenebrio molitor, den Mehlkäfer, warf alte Semmeln und einen Apfel in ein Gurkenglas und wartete auf Nachkommen. Damit fütterte Reiter die Igel durch. Und im Kindesalter schon lernte er Faszinierendes: Insekten kann man züchten.

Die Fliegenzucht, gibt er jetzt zu, ist schon etwas komplizierter. Reiter erlernte sie als angehender Mediziner auf folgende Weise: Sein Lehrer und Mentor, der langjährige Chef der Wiener Gerichtsmedizin, Wilhelm Holczabek, behauptete, eine systematische Zucht sei nicht möglich. Für Reiter war das der Ansporn, das Gegenteil zu beweisen.

Aber es war nicht allein der Ehrgeiz, der Reiter antrieb, sondern ein skurriler Fall, über den Holczabek seinen Studenten in der Vorlesung berichtete. Die Geschichte trug sich zu in Reichenau an der Rax, einem Ort, an dem sich seit langem die bessere Wiener Gesellschaft zur Sommerfrische zurückzog. Ob sich der Fall genau so oder ein bisschen anders zugetragen hat, wie Holczabek ihn in den sechziger Jahren erzählte, lässt sich nicht mit abschließender Sicherheit belegen. Mehr als ein paar dünne Zeitzeugenberichte gibt es nicht.

Es ist das Jahr 1946, Reichenau ist von der Roten Armee besetzt, die Nazis sind gerade vertrieben worden. Ein sowjetischer Kommandant, so referierte es Holczabek den Studenten, sei von der Ortschaft für drei Tage nach Wien beordert worden. Seine kleine Tochter vertraute er seinem Ordonnanzoffizier an, der dem Kommandanten zur Seite gestellt worden war. Er möge die Tochter in die Obhut einer Bauernfamilie bringen, damit sie beaufsichtigt und verköstigt werde. Der Soldat gab an, die Order gehorsam befolgt zu haben. Wenig später war das Kind verschwunden. Der Vater drohte durchzudrehen vor Sorge, kündigte an, Vergeltung zu üben.

Die Bauern bestritten, das Kind jemals in Obhut bekommen zu haben. Der russische General glaubte ihnen nicht, und er drohte, das Dorf, Mann für Mann, erschießen zu lassen, sollte die Tochter nicht auftauchen und der Mörder gefunden werden. So erzählte es Holczabek. Ganz Reichenau habe fieberhaft nach dem Mädchen gesucht und drei Tage nach der Abreise des Vaters endlich die erdrosselte und sexuell missbrauchte Leiche des Kindes im Kurpark gefunden, versteckt hinter einem Gebüsch. Der russische General drohte erneut mit einem Blutbad, es sei denn, der Mörder stelle sich freiwillig.

Der Sicherheitsdirektor bestellte den Gerichtsmediziner Leopold Breitenecker in die Gemeinde. Breitenecker war 44 Jahre alt, in der NS-Zeit ein bekennender Nazi und Leiter der Wiener Gerichtsmedizin. Für die sogenannten Erbgesundheitsgerichte erstellte er im Rahmen der nationalsozialistischen »Erbpflege« Sterilisationsgutachten. Er ließ Frauen unfruchtbar machen, er kooperierte mit der Gestapo, er erteilte der Hitlerjugend »rassehygienische Schulungen«. Seine Treue zum Regime hatte eine steile Karriere zur Folge, die ihn nach dem Zusammenbruch in Wiener Neustadt Unterschlupf suchen ließ. Zuerst war Breitenecker aber von der Universität Wien suspendiert worden. Wie andere NS-Ärzte auch werkte er nun als Obduzent in dem Provinzkrankenhaus. Als Chef der Wiener Gerichtsmedizin war er der Vorgesetzte von Wilhelm Holczabek, Reiters Lehrer, gewesen. Es war ein ungewöhnliches Team, denn Holczabek galt nach den Nürnberger Rassegesetzen als Mischling ersten Grades, als »Halbjude«.

Breitenecker, so notiert er in seinen Memoiren, sei also damals zu Hilfe gerufen worden, um den Mordfall des Mädchens zu klären. Und da habe er etwas Entscheidendes präsentiert: Fliegenmaden. Er schätzte ihr Alter auf drei Tage. Der Leichnam des sexuell missbrauchten Kindes, so Breiteneckers autoritär-apodiktisch vorgetragene Vermutung, sei am Abreisetag abgelegt worden. Damit stand der Ordonnanzoffizier unter Verdacht. Denn der hatte angegeben, das Kind in den Abendstunden jenes Tages den Bauern übergeben zu haben. »In den Abendstunden, wenn es dunkel ist, fliegen aber keine Fliegen mehr«, sagt Reiter. Sie sind sonnenaktiv. Breitenecker habe die »Todeszeitrekonstruktion« mit den Maden so überzeugend präsentiert, dass der Ordonnanzoffizier die Tat schließlich gestand. Er war der Mörder und wurde erschossen. Breitenecker, auch das ist eine sehr österreichische Geschichte, wurde in der Zweiten Republik als angeblich »minderbelastet« rehabilitiert, er machte Karriere als Sektionschef, führte das »Amt für Volksgesundheit«, wurde mit Orden geschmückt. Das war auch insofern bemerkenswert, weil er noch 1967 in einem deutschen Gaskammer-Prozess behauptete, dass das Ersticken der Juden mit Kohlenmonoxid als »sicherlich eine der humansten Tötungsarten überhaupt« anzusehen sei.

Der verbannte Nazi-Arzt, der unter Beisein eines jüdischen Assistenten eine kleine Gemeinde mit einigen Fliegenmaden vor der Rache der Russen rettet und einen sowjetischen Soldaten überführt? Vielleicht war es so, vielleicht hatte Holczabek, im Jahr 1946 erst 28 Jahre alt, mit dieser Geschichte aus den Kriegswirren aber auch nur seine Studenten beeindrucken wollen. Jedenfalls wirkte die Sache mit den Fliegen beim Studenten Reiter bis heute nach: »Heute weiß ich, dass die Folgerungen Breiteneckers im Mordfall von Reichenau ausschließlich auf Erfahrungswerten und einem Bauchgefühl basierten«, sagt Reiter. »Nach langjähriger Beschäftigung mit der forensischen Insektenforschung würde ich mich nicht trauen, ohne eine sorgfältige Speziesbestimmung und Kenntnis der exakten meteorologischen Daten eine derartige Stellungnahme abzugeben.«

Zu jener Zeit gab es keine wissenschaftlichen Untersuchungen über Fliegenmaden und deren Entwicklungsverhalten. Und so begann Reiter zu forschen. Aus der eminenzbasierten Wissenschaft machte er eine evidenzbasierte. Welche Fliegenarten brüten überhaupt auf unseren Leichen? Wie bestimmt man sie? Die Fliegen, so lernte Reiter, stehen in der Natur unter starker Konkurrenz, »jede hat ihre eigene Nische«.

Reiter begann Fliegen zu züchten, zehntausende Insekten. Er veränderte die Temperatur, zeichnete Entwicklungsdiagramme. Er lernte, dass es Fliegen gibt, die nur auf Kompost leben, und solche, die auf Kuhdung fliegen. Einige verzehren sich nach Pilzen und andere nach toter Materie. Besonders reizvoll fand Reiter natürlich jene Gruppe, die auf Kadavern nistet. Reiter nennt sie die »forensisch bedeutsamen Fliegen«, sie bilden »zum Glück ein ganz, ganz kleines Spektrum«. Zirka fünfzig Fliegenarten würden in Mitteleuropa auf Leichen fliegen. Und dann sagt Reiter einen Satz, der mich bis heute nicht loslässt: »Sie spüren, wenn es mit uns zu Ende geht, sie riechen es. Sie erkennen einen sterbenden Organismus.« Schmeißfliegen sind die Aasgeier unter den Insekten.

Reiter sagt, dass sich Fliegen in Krankenzimmern an der Decke bereithalten, wenn die darin liegenden Patienten kurz vor dem Ende stehen. Sie riechen die Bakterien in den ausgetrockneten Mündern, den Geruch des herannahenden Todes, den eingedickten Speichel. So wie in diesem Altersheim im Weinviertel. Reiter zieht ein Gutachten hervor.

Eines Tages hatte ein Arzt das Aufliegegeschwür einer alten Frau versorgt, eine offene Wunde. Als der Mediziner den Verband öffnete, erschrak er: In der Wunde bewegten sich Fliegenmaden. Diese Frau, der Arzt schlug Alarm, sei offensichtlich tagelang nicht ordentlich gepflegt worden.

Der Arzt lernte im Studium, dass Fliegenmaden pro Tag einen Millimeter wachsen. Die Maden in der Windelhose maßen sieben. Sieben Tage, so der Verdacht gegenüber dem Pflegepersonal, sei die Wunde also nicht versorgt worden. Die Pfleger bestritten jede Schuld. Erst am Tag zuvor hätten sie den Verband gewechselt. Es stand also wieder einmal Made gegen Aussage.

Christian Reiter verfügte über bessere Kenntnisse als Leopold Breitenecker. Die Behörden beschlagnahmten ein paar der Würmchen und konservierten sie in Formaldehyd. Reiter legte sie unter das Mikroskop und sah: Liopygia argyrostoma, Fleischfliegen.

Fleischfliegen vermehren sich anders als Schmeißfliegen. Sie legen nicht einfach ihre Eier in Ballen auf Menschen ab. Die Fleischfliegen machen es raffinierter. Sie brüten ihre Eier einen Tag lang im Körper aus und legen lebende Maden dorthin, wo es abgestorbenes Fleisch zu fressen gibt. Aber auch in die Körper von Schnecken oder Regenwürmern.

Wie das geht? Wenn die Schnecke einatmet, öffnet sie ein kleines Loch, und innerhalb eines Bruchteils einer Sekunde wird die kleine Made dort von der Mamafliege abgelegt. Der Nachwuchs kriecht der Schnecke in die Atemöffnung hinein und frisst sie von innen auf. Wenn die Schnecke gestorben ist, surrt aus dem Schneckenhaus irgendwann die fertige Fliege.

Ähnliches erleidet der Regenwurm. Er heißt so, weil er vor allem bei Regen aus der Erde kriecht, um in seinen Röhren unter dem Gras nicht zu ertrinken. Die Würmer schützen die

Pforte ihrer Röhren dann mit einem Wall aus Kot. Fleischfliegen, die einzigen Fliegen, die im Regen fliegen, wissen das und legen ihre Maden auf den Kot am Eingang der Röhren ab. Die knabbern sich durch die verpfropften Pforten, entern den Regenwurm über seine Öffnungen und fressen ihn auf.

All das ist nicht unbekannt. Die Fleischfliegenforschung hat aber noch ein großes Rätsel zu lösen: Da die Fliegenmütter ihre Larven nur an Tagen ablegen können, an denen es regnet, müssen sie tags zuvor ihre Eier selbst befruchten. »Sie denken sich: Morgen wird's regnen, wir befruchten jetzt ein paar Eier«, erklärt Reiter. Aber was geschieht, wenn der Regen zwei, drei Kilometer entfernt vorbeizieht und es nicht regnet? »Dann hat diese Fleischfliege ein Problem, weil sie in ihrem Körper Maden hat.« Sie sucht sich also andere Substrate. Etwa übergelassenes Katzenfutter oder die Aufliegegeschwüre von alten Menschen. »Und jetzt gehen wir in das Pflegeheim nach Niederösterreich«, sagt Reiter.

Der Tag vor dem Fund der Made war ein feuchter Tag, das konnte er mit Wetterberichten leicht rekonstruieren, aber es regnete nicht. Auch stand das Fenster offen, wie das Pflegeheim dokumentierte. »Und jetzt kommt so eine Fleischfliege«, sagt Reiter, »und hat einen ungeheuren Legedruck, sie muss ihre Babys loswerden.« Und so fliegt sie hinein in das Pflegeheim und setzt sich auf den Rand der Windelhose dieser Frau. Die Fleischfliege legt eben keine Eier ab, sondern Maden, die bereits zwei Millimeter groß sind.

Reiter hatte nun eine für die Pfleger entscheidende Frage zu beantworten: Wie schnell wächst die Made der Fleischfliege? »Explosionsartig.« Innerhalb von 24 Stunden fünf Millimeter. Die sieben Millimeter langen Maden sind also nicht in sieben Tagen gewachsen, sondern innerhalb eines Tages. Zwei Millimeter in der Fliegenmutter, fünf in der Windelhose. Freispruch.

Bleibt eine Frage: Welchen Schaden hätten die Maden an der Frau angerichtet? Wäre sie angefressen worden? Reiter hatte auch dazu geforscht, und sein Lehrer Holczabek hatte ihn gewarnt: »Sie landen auf der Psychiatrie!« Denn Reiter ist etwas aufgefallen: Unsere Maden fressen keine lebenden Gewebe von Säugetieren auf, sie knabbern nur an bereits Totem. Ihm kam eine Idee, und so blättern wir in alten Berichten von den Gefechtsfeldern Europas, etwa in denen der Schlacht von St. Quentin, geschlagen am 10. August 1557.

Als an jenem Tag die Spanier die Franzosen besiegten, starben zweihundert Menschen, aber etwa achttausend lagen verletzt am Schlachtfeld herum. Der französische Chirurg Ambroise Paré berichtete nicht nur, dass die Wunden fürchterlich stanken, sie seien auch »voll mit Würmern, Gangrän und Verfaultem gewesen«. Paré entfernte noch alle Würmer, die in Wahrheit Maden waren, aus den Körpern der Soldaten. 250 Jahre später entdeckte der Arzt Baron Dominique Jean Larray auf den Schlachtfeldern der Napoleonischen Armee Sonderbares: Die Maden der »blauen Fliege« würden nur abgestorbenes Gewebe fressen und die Heilung des Gesunden befördern. Die Soldaten aber, so schrieb Larray, fühlten sich »sehr belästigt durch die Würmer der Larven«.

Wenige Jahrzehnte danach machte der Chirurg John F. Zacharias eine ähnliche Beobachtung. Er inspizierte in den 1860er Jahren die Verwundeten auf den Schlachtfeldern des Amerikanischen Unabhängigkeitskrieges und schrieb in seinen Aufzeichnungen, die Maden hätten viele verwundete Soldaten vor Blutvergiftungen gerettet. Anders als menschliche Sanitäter hätten sie die Wunden professioneller und schneller gereinigt und damit die Soldaten geheilt. Und noch einmal fünfzig Jahre später meldete sich der amerikanische Chirurg William S. Baer zu Wort. Wieder von einem Schlachtfeld, jenem des Ersten Weltkriegs. Soldaten, die dort über eine Woche gelegen waren, wurden von ihm entkleidet. In den Wunden sah er »abertausende Maden, vermutlich jene der blauen Fliege«. Er reinigte die Verletzungen, auch offene Brüche, und machte wieder eine erstaunliche Beobachtung: Die Wunden seien mit dem wunderschönsten »Granulationsgewebe« überzogen worden, das man sich nur vorstellen könne, also in Heilung.

Wie konnte das sein? Christian Reiter wollte es wissen, er motivierte einen seiner Studenten, den Mediziner und Biologen Martin Grassberger, das Phänomen zu erforschen. Und tatsächlich: Maden heilen. Da sie ihre Nahrung außerhalb des Körpers »andauen« – sie speicheln ihr Futter sozusagen außerhalb des Körpers ein –, schonen sie das gesunde Gewebe der Menschen, schaben aber mit den Kieferhaken tote Zellen weg. Und die ausgeschiedenen Sekrete der Maden, ihre Exkremente, wenn man so will, haben eine heilende und antibakterielle Wirkung auf Wundschorf und Nekrosen. Maden töten Bakterien, das haben sie in hundert Millionen Jahren auf Kadavern gelernt.

Mit anderen Worten: Maden tragen zweimal eine Art Medizin auf die Wunde auf, wenn sie krankes Gewebe futtern. Einmal vor dem Verschlingen, einmal danach. Und durch das Herumwuseln stoßen sie auch noch den Wundheilungsprozess an.

Grassbergers weitere Forschung ist ein Segen für viele Patienten. Statt Zehen zu amputieren oder Muskelgewebe immer mehr und mehr abzuschichten, eine Folge des Abtragens von infiziertem Gewebe, setzte man ihnen Maden an. Und so kam Grassberger eine Idee: Er züchtete sterile Maden und konstruierte eigene »Biobags«, also Teebeutel, in denen die kleinen Würmchen ihre Arbeit erledigen, ohne ausbrechen zu können. Sie saugen die Wundsekrete auf – und geben eine Art antibiotische Flüssigkeit an die Wunde ab. »Die Maden«, sagt Christian Reiter, werden zu kleinen Mikrochirurgen. Sie werden Penicillin und herkömmliche Wundheilungstechniken nicht ersetzen, aber ergänzen und so manche Amputation verhindern.

Wir blättern durch einen wissenschaftlichen Aufsatz, den Martin Grassberger zu den heilenden Maden verfasst hat. Viele Fotos sind darin zu sehen. Von alten Menschen mit offenen Wunden, von schwarzen Zehen, die Diabetikern und Rauchern Schmerzen bereiten. Die Fotos zeigen die Beine von psychisch Kranken, die als Unterstandslose auf der Straße von Insekten befallen wurden.

Oft drehen wir uns weg oder schauen auf die Seite, wenn wir diese Menschen sehen. Weil sie stinken, weil sie wirken wie aus einer anderen Welt, wie Vampire. Die aufgeklärte Medizin hilft auch ihnen. Mit Fliegen, die wir gedankenlos verscheuchen oder erschlagen, wenn sie um uns herumschwirren.

WACHS UND WUNDER

Einmal fragte ich den Professor, wie er sich das Leben nach dem Tod vorstellt. Er formulierte einen Satz, der mich mit meinem eigenen irdischen Ende versöhnt. »Ein menschlicher Leichnam«, sagte Reiter, »ist für mich wie die leere Puppe einer Fliege – was uns zu Menschen macht, ist ihr entflogen.« Eine Hülle also, aus der wir entschwunden sind, ein Abdruck einer Phase unserer Existenz. Das klang für mich so versöhnlich wie der Satz meines damals dreijährigen Sohnes, der mich beim Betrachten eines alten Fotoalbums fragte: »Hast du da schon gelebt oder warst du da noch tot?«

Christian Reiter ist kein religiöser Mensch. Das Leben nach dem Tod interessiert ihn wenig. Er arbeitet für irdische Gerichte, die weltliches Recht sprechen, er ist ein der Aufklärung verpflichteter Mediziner. Aber manchmal lockt dann doch das Abenteuer des Metaphysischen. Etwa wenn der Vatikan ruft.

In Rom residiert eine eigene Kommission, die darüber entscheidet, ob göttliche Wunder vorliegen. Nur bei einem Nachweis derselben kann ein Mensch heilig- oder seliggesprochen werden. Natürlich klärt Reiter nicht, ob es Wunder gibt. Das, sagt er, fällt nicht in seine Zuständigkeit. Er forscht über die naturwissenschaftlichen Ursachen dieser sogenannten Wunder. Und er beschäftigt sich damit, in welchem Zustand sich jene Toten befinden, die der Papst posthum selig- oder heiligspricht.

Reiter wischt jetzt in seinem Studierzimmer auf seinem Tablet ein Foto aus den neunziger Jahren herbei. Es zeigt ihn als jungen Mann, umgeben von Ordensbrüdern. Vor ihm ein Leichnam, der aussieht, als sei er in einen Topf mit Wachs getaucht worden. Es ist Pater Anton Maria Schwartz, ein Arbeiterpriester aus Wien, gestorben 1929, vom Papst persönlich seliggesprochen. Einbalsamiert von Christian Reiter.

Der tote Priester, so erzählt er mir, wurde tatsächlich mit Wachs durchtränkt, zuvor in Alkohol getunkt und dann – geföhnt und bekleidet – in einen Schneewittchensarg in Wien, Rudolfsheim-Fünfhaus gelegt. Dazwischen passierten ein paar Pannen, Reiter wurde offenbar hart auf die Probe gestellt. Aber alles der Reihe nach.

Pater Anton Maria Schwartz hatte schon zu Lebzeiten eine abenteuerliche Geschichte hinter sich. 1852, vier Jahre nach der bürgerlichen Revolution, wurde er als das vierte von 13 Kindern eines Gemeindesekretärs und Theatermusikers in Baden bei Wien geboren, er sang als Sängerknabe im Stift Heiligenkreuz, maturierte im Schottengymnasium, und im Alter von 25 Jahren ließ er sich zum Priester weihen.

Die Kirche, so erkannte der junge Gottesdiener, tat zu wenig für Lehrlinge und junge Arbeiter. Also baute er ihnen ein Asyl, schuf, ausgestattet mit bischöflichem Segen, eine Kongregation für christliche Arbeiter, sorgte sich um die Armen, lehrte sie zu beten. Der Orden der Kalasantiner, dem er angehörte, nennt ihn heute noch »Arbeiterapostel«. Er habe sich für einen arbeitsfreien Sonntag eingesetzt, schreiben die Ordensbrüder stolz auf ihrer Website, sowie für den Achtstundentag, den Lehrlingsurlaub, für die Gründung von Gewerkschaften und eine gesetzliche Sozialversicherung. Sogar an Streiks habe der Bruder teilgenommen.

Anerkennung zollte ihm der Heilige Stuhl erst fünfzig Jahre später. Über lange Zeit – von 1949 bis 1998 – prüfte die Kirche in komplizierten kirchenrechtlichen Verfahren unter Anhörung von hunderten Zeugen, ob Schwartz wirklich seliggesprochen werden solle.

Anno 1995, drei Jahre vor dem Besuch von Papst Johannes Paul II. in Wien, fand der Vatikan dann endlich das für die Seligsprechung notwendige Wunder. Fünf Ärzte aus Rom prüften den Verlauf einer Operation, die eine Wiener Pensionistin in einem Gemeindespital im Jahr 1972 über sich ergehen lassen musste. Die Mediziner kamen überein, dass das Überleben einer Patientin wissenschaftlich nicht erklärbar sei. Das »Wunder« sei Pater Schwartz zuzuschreiben. Denn der Gemahl der Erretteten habe sich in seiner Not im Gebet an den Pfarrer im Jenseits gewandt, und er wurde von diesem erhört. Am 21. Juni 1998 sprach der Papst Anton Maria Schwartz deshalb selig. Die Bevölkerung jubelte ihm zu.

Zuvor hatte Christian Reiter im Auftrag der Kirche aber noch einen diskreten Job zu erledigen – er musste Pater Schwartz »enterdigen« und einbalsamieren. Denn die Kalasantiner wollten ihren Star nun öffentlich ausstellen, als Reliquie. Reiter öffnete also die Gruft und staunte. Normalerweise würde man nach so langer Zeit »nur noch Knochen und Gewebsbrei« vorfinden, doch bei Schwartz war noch alles da:

Finger, Nase, Weichteile, er war in einem »hervorragenden Zustand«, erinnert sich Reiter.

Der Mediziner hatte allerdings ein Problem. Der gut erhaltene Körper von Schwartz war etwas mürbe geworden in der muffigen Gruft. Was meinen Sie damit?, frage ich den Professor. »Braten Sie ein Huhn fünf Stunden im Backrohr. Dann können Sie keinen Hühnerflügel in die Hand nehmen, ohne dass Ihnen das Fleisch vom Knochen fällt.«

Um Schwartz beim Herausheben aus dem Sarg nicht zu zerbrechen, schob Reiter dem Toten also einen Gitterrost unter. In einem zweiten Schritt entkleidete er den Priester und senkte ihn in ein Bad mit hochprozentigem Alkohol. »Denken Sie an die Herstellung von Rum-Obst«, sagt Reiter. Nach mehreren hochprozentigen Bädern erhielt Schwartz nun ein Bad im Lösungsmittel Xylol, danach ein Wachsbad. Zwei Monate lang lag er in flüssigem Paraffin, also in Kerzenwachs. Damit dieses nicht aushärtet, legte Reiter eine mit kontinuierlich mit heißem Wasser durchflossene Kupferwendel in die Wanne.

Dann geschah die Panne. Als die Forensiker den Leichnam aus dem Paraffin herausgehoben hatten, bemerkten sie zu ihrem Entsetzen, dass die ursprünglich braunschwarze Haut des Toten plötzlich einen Farbton angenommen hatte, Schwartz wurde grün, »so ähnlich wie die Kuppel der Karlskirche in Wien«. Die Fettsäuren, die Reiter mit dem Lösungsmittelbad aus dem Körper herausgelöst hatte, gingen mit dem Kupfer der Kupferwendel eine Verbindung ein, sie bildeten Kupfersalze.

Reiter sagt, es sei undenkbar gewesen, »dass wir den Leichnam in diesem Zustand den Patres aushändigen«. Er färbte das Paraffin mit dem Farbstoff Sudanschwarz und glacierte damit den Leichnam wie ein Punschkrapferl. Mit seitlich am Körper liegenden Armen lag der Balsamierte nun also da, braunschwarz, nackt, »so wie es ein Gerichtsmediziner bei einer Leiche gewohnt ist«.

Die Patres aber bestanden darauf, dass dem Seligzusprechendem ein heiliges Kleid anzuziehen sei. Und die Hände, so baten sie, seien fromm vor der Brust zu verschränken. »Aber wir haben hier eine Leiche, die komplett ausgehärtet ist«, hielt Reiter ihnen entgegen. Die Arme würden sich nicht mehr bewegen lassen. Die Brüder blieben hart, und so griff Reiter zum Föhn. »Stundenlang haben wir die Gelenke des Toten mit heißer Luft erwärmt.« Überaus stressig sei diese Arbeit gewesen, »weil wir immer Angst hatten, es bricht irgendwas ab«. Die Operation gelang. Schwartz liegt heute feierlich eingekleidet und in der gewünschten Körperhaltung in einem Schneewittchensarg in der Kirche der Kalasantiner im fünfzehnten Wiener Gemeindebezirk unter dem Altar. Nur das Gesicht wurde aus rosafarbenem Wachs nachmodelliert, Reiters Werk gefiel den Ordensbrüdern offenbar doch nicht ganz.

Reiter lächelt etwas, als er diese Geschichte erzählt, weil sie auch so viel über das Selbstverständnis der Kirche verrät. Sie glaube, dass jene »vom Himmel ausgezeichnet« seien, »die vor der Verrottung bewahrt wurden«. Er zieht daher den Fall des »Armen Pilgers Koloman« aus einem Ordner, auch er ein armer Heiliger, der nicht verrotten sollte. Auch er ein Fall, von dem Reiter fasziniert ist.

Koloman war ein Pechvogel, der sich zur falschen Zeit am falschen Ort aufhielt. Im Jahr 1012 trieb er sich in der Gegend von Melk herum – so steht es zumindest in den »Annalen«

des dortigen Abtes Erchenfried. Als irischer Pilger auf dem Weg ins Heilige Land stellte er sich dar. Und genau das machte ihn bei den Vertretern des damals herrschenden Königs Heinrich II. verdächtig. Darüber hinaus war Koloman nicht des »Niederösterreichischen« mächtig, was die Obrigkeit darin bestärkte, ihn für einen ausländischen Spion zu halten.

In der Chronik des Abtes Erchenfried ist dokumentiert, was mit Koloman geschah. Die Niederösterreicher schlugen ihn mit Ruten, sperrten ihn in den Kerker, zwickten ihn mit glühenden Zangen. Dann zerschlugen sie seine Knie und hängten ihn bei lebendigem Leibe auf. Der Stein, auf dem Kolomans Körper anno 1012 malträtiert worden sein soll, ist noch heute zu sehen. Man kann ihn im Bischofstor des Stephansdomes in Wien berühren. Rudolf der Stifter hat ihn als Reliquie einmauern lassen. Glaubt man der Legende, klebte an ihm sogar noch Kolomans Blut. Koloman wurde damals auch nicht nur gefoltert, sondern gemeinsam mit zwei Räubern in der Stockerauer Au gehenkt, ähnlich wie Christus mit den beiden Schächern.

Im Frühjahr darauf aber offenbarte sich das Wunder. Während die Verbrecher neben dem heiligen Koloman von Vögeln, Käfern und Fliegenmaden aufgefressen worden waren, hing der Pilger immer noch unversehrt am Strick – die Liane als Strangwerkzeug voller Blüten. Koloman stank auch nicht, sondern »verströmte einen lieblichen Geruch«. Und dann trat auch noch jemand aus dem Volk an den Mann heran und schnitt ihm in die Wade, »so wie Gott es ihm im Traum befahl«. Der Sohn eines edlen Herrn Rumald habe eine Hautkrankheit gehabt und unter Schmerzen gelitten. Im Schlaf wurde dem Vater befohlen, ein Stück Gewebe von Koloman zu nehmen und auf die Wunden zu reiben. Und tatsächlich, es kam zur Heilung.

»Das ist die offizielle Version der Kirche«, sagt Reiter, das ist das göttliche Wunder. Reiter lächelt jetzt ein bisschen verschmitzt, er erinnert mich an William von Baskerville, den aufgeklärten, in der Verfilmung von Umberto Ecos Klosterkrimi »Der Name der Rose« von Sean Connery dargestellten Mönch. Jedem Aberglauben der mittelalterlichen Gottesmänner setzte er die wissenschaftliche Erklärung entgegen. Und ich staune wie Baskervilles Novize Adson von Melk und frage: »Wie war es wirklich?«

Die Sache mit dem unversehrten Leichnam ist leicht erklärt, fährt Reiter fort. Der malträtierte irische Pilger auf dem Weg ins Heilige Land besaß wohl nur einen ausgezehrten, ledrigen und dürren Körper. Ganz anders als die eher wohlgenährten Räuber links und rechts von ihm. Die Vögel verschmähten daher das magere Männlein und stürzten sich zuerst auf die zwei Gesellen daneben. Der Leichnam sei dann wohl auch in der Stockerauer Au im Winter sehr schnell »gefriergetrocknet«. Bei Stockerau im Nordwesten Wiens öffnet sich die Wiener Pforte, ein geologischer Spalt zwischen Bisamberg und Leopoldsberg. Düsenartig pfeift hier der Wind durch und nimmt Feuchtigkeit mit, sodass ein Erhängter relativ rasch konserviert werden kann. Und die Blüten um seinen Körper? Eine Liane, die damals wohl als Strang verwendet wurde, kann, trotzdem sie als Strangwerkzeug verwendet wurde, austreiben und erblühen. Bleibt die wohlriechende, heilende Flüssigkeit aus der Wade? Das wenige Körperfett wird durch bakteriellen Abbau »kurzkettig«, also dünnflüssiger, erklärt Reiter: »Flüssige Fette setzen sich der Schwerkraft folgend in den unteren Körperpartien ab, also auch in den Waden des Erhängten.«

Wer also auch immer in die Unterschenkel Kolomans geschnitten hat, erntete eine Art Öl, das antibakteriell wirkte und nach Speck und Salami roch. »Denken Sie an die aufklappbare Frau am gerichtsmedizinischen Institut«, erinnert mich der Professor. Der Koloman-Mythos war für Christian Reiter also relativ leicht zu knacken gewesen. »Mit ein bisschen Hirnschmalz und ein bisschen Literaturrecherche.«

Es gibt aber noch ein drittes »Wunder« in Reiters Archiv. Dieser Fall ist schon etwas rätselhafter. Er spielt neunhundert Jahre später und handelt von einem wohlhabenden ungarisch-burgenländischen Arzt, Ladislaus Batthyány-Strattmann. Auch er wurde vom Vatikan seliggesprochen, so wie Anton Maria Schwartz. Er war zwar kein Kirchenmann, aber ein gläubiger und vor allem karitativ-spendabler Aristokrat.

1870 wird Ladislaus als sechstes Kind in Dunakiliti, einem kleinen Dorf auf einer Schüttinsel in der Donau in Ungarn, in eine wohlhabende adelige Familie geboren. Sein Leben beginnt dramatisch. Mit zwölf stirbt seine Mutter, der Vater verschwindet. Er ist ein schlechter Schüler, wird wiederholt von Schulen verwiesen. Nach der Pubertät aber kratzt er die Kurve, studiert an der Universität für Bodenkultur, um die väterlichen Ländereien zu verwalten. Er interessiert sich auch für Astronomie, Chemie, Physik und Medizin. Mit 25 Jahren heiratet er die Gräfin Theresia von Coreth, zeugt mit ihr 13 Kinder und lässt sich im Jahr 1902 als praktischer Arzt nieder. Anders als die adelige Jeunesse dorée treibt er sich nicht auf Jagden und bei Gesellschaften herum, sondern studiert Augenheilkunde und Chirurgie. Er widmet sich den Armen, stiftet aus eigener Tasche das heute noch bestehende Krankenhaus in Kittsee, behandelt dort die bitterarmen Burgenländer und spendiert ihnen sogar ihre Arzneien. Bis zu einhundert Patienten am Tag versorgt der junge Arzt. Er bleibt trotz seines ererbten Reichtums bescheiden, stirbt aber 1931 mit sechzig Jahren an Blasenkrebs. Auf der Website des Krankenhauses ist noch heute ein Foto von ihm zu sehen. Es zeigt einen ernst und entschlossen blickenden jungen Mann mit elegantem, ins Gesicht gezogenem Hut und Fliege.

Schon zu seinen Lebzeiten wird Ladislaus von vielen seiner Patienten verehrt wie ein Heiliger. Der Apostolische Nuntius von Ungarn, Lorenzo Schioppa, schrieb an den Papst: »Die Leute halten den Fürsten für einen Heiligen. Ich kann Eurer Heiligkeit versichern, dass er es ist.« Im Jahr 1944, mitten im Zweiten Weltkrieg, setzte sich auch der Wiener Kardinal Theodor Innitzer für die Seligsprechung ein. Dann vergehen wieder vierzig Jahre. Und 1989 geschah, wie der Vatikan meldete, »auf die Fürsprache des Dieners Gottes Ladislaus Batthyány-Strattmann ein Wunder. Ein Patient, der unter einer unheilbaren Krebserkrankung litt, wurde auf wissenschaftlich nicht erklärbare Weise plötzlich geheilt. Diese Heilung wurde eingehend geprüft und nach weiteren zwölf Jahren von der römischen Ärzte- und Theologenkommission als authentisch anerkannt.« Am 23. März 2003 wird der Fürst in Rom seliggesprochen.

Das Kirchenrecht und die vatikanische PR-Maschinerie schreiben während dieses langen Prozesses eine »Besichtigung und Bestandsaufnahme« der sterblichen Überreste des Verstorbenen vor. Es sollte ja kein illegaler Reliquienhandel oder Missbrauch aufkommen. Die Kirche wandte sich wieder an Reiter. Und der spricht von einem »Glück«. Denn wann kann man schon eine Familiengruft betreten, noch dazu die der berühmten Batthyánys, eine Art Schneewittchensarg, von dem er als Kind am Grab der Verwandten in Ottakring träumte.

Reiter machte sich, »entkoppelt von religiösen Überlegungen«, wie er sagt, daran, die Grabstätte zu untersuchen. Im Mai 1988 lässt er den schweren Deckel des Marmorsarkophags entfernen und findet darin einen verlöteten Metallsarg. Graf Batthyány war »aus hygienischen Gründen« eingedost, wie eine Ölsardine. So enden die meisten Adeligen in Österreich, klärt Reiter auf. Die ganze Wiener Kapuzinergruft, die große Grablege der Habsburger, müsse man sich als eine Ansammlung von Dosen vorstellen, in denen unter anderen die 19 Kaiserinnen und zwölf Kaiser für immer ruhen. Jetzt macht er so eine Dose auf, »mit einer Flex«. Es habe zunächst »ein bisschen erdig« gerochen, aber schon entdeckte er eine wirklich große Überraschung: »Die Umrisse des Toten waren komplett erhalten, sogar die Gesichtszüge.«

Ein Wunder? »Auf den ersten Blick lag da eine unversehrte Person im Sarg«, erinnert sich Reiter, »kein Skelett, sondern eine Person.« Aber dann sah Reiter genauer hin und tippte den Toten an – und schon zerfielen die Weichteile des Fürsten zu Staub, wie in einem Horrorfilm, wenn das Sonnenlicht den Vampir trifft. Wie konnte das sein?

Das war den Buckelfliegen (Phoridae) zuzuschreiben. Durch einen kleinen, bei der Verlötung offen gebliebenen Spalt zwischen Deckel und Unterteil zwängten sie sich in den Sarg, legten ihre Eier auf Ladislaus Batthyány-Strattmann, und die zwei bis drei Millimeter kleinen Maden fraßen jene

Gewebsstrukturen auf, wo sie als Eier hingelegt worden waren, und verpuppten sich auch dort. Fünfzig Jahre lang, immer wieder. »Die Körperstrukturen und Umrisse sind nur dadurch zustande gekommen, dass die Millionen an Fliegenpuppen diese Umrisse nachgebildet haben.« – »Es sah aus wie Sägespäne, die jemand mit einem Haarspray fixiert.«

Die Buckelfliege kann sich auch unter sehr starkem Sauerstoffmangel und in der Kälte fortpflanzen, deshalb nennt Reiter sie auch »Gruftfliege«. Bei der leichtesten Berührung des Toten sei das Bauwerk von Generationen von Insekten jedoch zerbröselt. Aber Ladislaus Batthyány-Strattmann zerfiel durch Reiters Berührung nicht völlig zu Staub. Die Hände und das Herz waren wie durch ein Wunder erhalten geblieben. Des Fürsten Finger hielten ein silbernes Kruzifix, und auf dem Herzen lag ein goldenes Medaillon, es zeigte »Maria mit Krone und weitem Mantel«. Für den burgenländischen Bischof Stephan László schien die Sache klar: Gott ließ die heilenden Hände und das gute Herz nicht verrotten. Ein Zeichen des Himmels. Der Vatikan nahm Proben vom Herz und den Händen in Verwahrung, legte sie in ein Reliquiar und stellte sie im Ossarium zu Rom aus.

Nicht nur Reiter beschäftigte die Frage, warum der ganze Körper von Ladislaus Batthyány-Strattmann von Fliegenmaden aufgefressen wurde, nicht aber Herz und Hände. Auch der Bischof hatte ihn nach dem Rätsel gefragt. Im Refektorium der Franziskaner saßen die beiden und diskutierten über einem Teller Klostersuppe über das Wunder: »Lieber junger Freund«, fragte der Bischof den damals erst 33 Jahre alten Gerichtsmediziner, »können Sie mir sagen, was Sie aus medizinisch-wissenschaftlicher Sicht an diesem Wunder noch interessiert?« Reiter antwortete: »Herr Bischof, ich muss Ihnen gestehen, das ist zwar alles sehr imposant, aber ich glaube, dass alles naturwissenschaftlich erklärbar ist.«

Bei der bakteriellen Zerstörung eines Leichnams komme es je nach Fett- oder Eiweißgehalt zu einem feuchten sauren oder alkalischen Milieu. Die Weichteile werden im Sarg verflüssigt. Und in diesem Brei lagerten nun zwei verschiedene Metalle, nämlich die Kruzifixe aus Silber und der Anhänger aus Gold. Jeder Physiker weiß es: Wenn in einem Elektrolyten zwei verschiedene Metalle eintauchen, kommt es zum Stromfluss. Die silbernen Kruzifixe, die der Verstorbene in den Händen hielt, korrodierten also, und die Silberionen wanderten in Richtung Herz, wo das goldene Amulett lag. Silber wiederum wirkt antibakteriell. »Deshalb«, so sagte Reiter und löffelte seine Suppe, »sind die Hände und das Herz hier nicht durch Bakterien und Maden zerstört worden. Es tut mir leid, dass ich Sie desillusioniere mit dieser wissenschaftlichen Erklärung.«

Der Bischof wirkte überhaupt nicht enttäuscht. Im Gegenteil. Er legte den Löffel zur Seite und überraschte den Mediziner mit seiner Erklärung: »Der Himmel bedient sich in dieser Welt nur jener Gesetze, die er für diese Welt geschaffen hat«, sagte er, »aber er bedient sich auch des Zufalls, um in dieser Welt Zeichen zu setzen. Wären die Kruzifixe dem Toten aus den Händen gefallen oder der Anhänger der Halskette nicht zufällig durch die Rippen auf den Herzbeutel abgesunken, wäre es nicht zu diesen auffälligen Befunden gekommen. Damit wollte uns der Himmel etwas sagen.«

Heute sagt Reiter: »Dem hatte ich nichts entgegenzuhalten.«

IM GRÜNEN WALD – CSI MAYERLING

Wiederholt haben Reiter und ich darüber nachgedacht, wie man sich nach dem Tod am besten bestatten lassen sollte. Verbrennen? Das sei klimaschädlicher Irrsinn, wehrte Reiter ab. Für die Kremierung einer Leiche brauche es mehr als tausend Grad Celsius, und das über mehr als eine Stunde. Er werde sich wohl herkömmlich in einem Erdgrab kompostieren lassen, das sei ökologisch und nachhaltig. Die Bestattung in einer Gruft, also eingedost in einem Betonschacht zu vermodern, lehnt Reiter ab: »Oberflächenversiegelung«. Und zudem: Wer will schon von Buckelfliegenmaden gefressen werden wie der selige Fürst Batthyány-Strattmann oder mit sudanschwarzem Paraffin glaciert wie Pater Schwartz?

Seit ich Reiters Arbeit über den wohl aufsehenerregendsten Kriminalfall im geschichtsträchtigen Örtchen Mayerling lesen durfte, vor allem über diesen Leichenräuber aus Linz, sind mir Grüfte noch unheimlicher geworden.

Sie ziehen merkwürdige Leute an, etwa den Möbelhändler Helmut Flatzelsteiner. Reiter besitzt Fotografien, die der Mann von einem sehr besonderen Skelett angefertigt hat. Sie zeigen die Überreste von Mary Vetsera, der letzten Geliebten des habsburgischen Kronprinzen Rudolf. Reiter hat den Fall gelöst.

Für Reiter begann er 1992, mehr als einhundert Jahre nach dem umstrittenen Doppelselbstmord des Thronfolgers und der Baroness. Frau Ingrid, eine Pensionistin, spazierte wie so oft über den idyllisch gelegenen Friedhof in Heiligenkreuz. Aber diesmal machte sie eine Entdeckung, eine gruselige Entdeckung. Das Grab der dort bestatteten Baroness Vetsera wurde offensichtlich geöffnet. Frau Ingrid fiel auf, dass die Ritzen zwischen den Gruftplatten nicht wie bisher mit Moos verwachsen waren. Sie vermutete, dass sich irgendjemand an der Gruft zu schaffen gemacht hatte, und alarmierte die Behörden. Die wimmelten sie ab. Erst Monate später, im Dezember 1992, wird der Journalist Georg Markus von der *Kronen Zeitung* den Skandal enthüllen: Mary Vetsera wurde gestohlen.

Seit 1889 lag sie in Heiligenkreuz bestattet, gestorben unter immer noch ominösen Umständen, im Alter von nur 17 Jahren. Schon einmal war ihr Grab geschändet worden, von russischen Besatzungssoldaten, die nach Wertgegenständen suchten und mit einer Spitzhacke den Sarg beschädigten. Nun aber waren dieser Sarg und ihre Gebeine weg.

Es dauerte nicht lange, ehe ein Verdächtiger ausfindig gemacht werden konnte. Helmut Flatzelsteiner war es, ein von Vetseras Geschichte nahezu berauschter, schrulliger Mann. Er vertraute sich dem Reporter Georg Markus an. Er sei nicht nur im Besitz des Sarges, räumte er ein, sondern er selbst habe das Grab mit einigen im tschechischen Budweis angeworbenen Komplizen geöffnet. Flatzelsteiner trat damals an Gerichtsmediziner und Anthropologen heran und fabulierte davon, das Skelett seiner Urgroßmutter untersuchen lassen zu wollen. »Keiner fragte nach, keiner wollte wissen, wie er an dieses Gerippe gekommen war«, erinnert sich Christian Reiter. Selbst als er die Kleidung der Verstorbenen durch eine Expertin der Universität für angewandte Kunst in Wien analysieren ließ, schöpfte niemand Verdacht. Flatzelsteiner fertigte, wie Christian Reiter erzählt, zum Glück auch noch eine »hervorragende Fotodokumentation dieses Skeletts« an. Dann flog die Sache auf, Polizei und Staatsanwaltschaft wurden aktiv, und im niederösterreichischen Heiligenkreuz war die Hölle los.

Reiters damaliger Chef, Georg Bauer, stieg sogar selbst in die geschändete Gruft und fand noch ein paar Knöchelchen, mit deren Hilfe man Vetseras gestohlenes Skelett abglich. Und dann kam das hundertjährige Knochengerüst auf die Gerichtsmedizin. Christian Reiter war damals 36 Jahre jung, er durfte es nie sehen, aber er hütet heute die Fotos von Flatzelsteiner in seinem Archiv. Sie zeigen das schöne lange Haar, die eleganten Schuhe mit den hohen Absätzen – und sie zeigen den durchschossenen Schädel der Vetsera.

Reiter hat die Geschichte noch einmal rekonstruiert, »C.S.I. Mayerling« nannte er seinen Bericht. Ich gestehe, diese dramatische Geschichte kannte ich nicht im Detail, zu kaiserlich-kitschig war sie mir, ich hörte aber gerne Helmut Qualtingers und André Hellers böse Moritat »Im grünen Wald von Mayerling …«

Reiters Schilderungen dieses Falles faszinierten mich dann aber doch. Ich las nach: Da war Kronprinz Rudolf, ein von seinem Vater, Kaiser Franz Joseph, zu einem psychischen Wrack dressierter junger Mann, der dessen Nachfolger hätte werden sollen. Nach einer Jagdparty nahm er ein junges Mädchen mit in den Tod. Sein Vater, ja der ganze Hof, versuchten die Tat als Selbstmord des Mädchens, ja sogar als Attentat umzulügen.

Wir schreiben das Jahr 1889. Mary Vetsera, 17 Jahre alt, bildhübsch, heute wohl ein Model und sogenanntes *It-Girl*, wie Reiter es nennt, fährt gegen den Willen der Mutter hinaus nach Mayerling, in das kleine Jagdschloss des Kronprinzen Rudolf im Südwesten von Wien. Schon als junges Mädchen hatte sie ihn kennengelernt. Als sie zur jungen Frau heranreifte, mit langen Haaren und ernstem Blick, wird sie, nach der damaligen Diktion, in den Wiener Salons als »verführerische, kleine Nixe« eingestuft. Auch Rudolf interessierte sich für sie. Er schenkte ihr einen Ring, darin eingraviert »I-L-V-B-I-D-T«, also »in Liebe vereint bis in den Tod«. Sie schreibt ihrer Klavierlehrerin: »Wir gehören uns mit Leib und Seele an«, der dreißigjährige Kronprinz Rudolf, ein an Drogen und Alkohol verlorener Mann, und der Teenager Mary.

Rudolf, Sohn von Kaiser Franz Joseph und von Elisabeth, besser bekannt als Sisi, wird als Kind, so würde man es heute formulieren, systematisch misshandelt. Der Kaiser setzt den Buben im Lainzer Tiergarten aus, in der Nacht lässt er ihn mit Pistolenschüssen wecken oder im Hof exerzieren. Er wird als Kind gebrochen, Sisi, die Mutter, schreitet ein und ermöglicht ihm eine humanistische Ausbildung.

Der Kaiser wollte aus dem nervösen Kind einen Militaristen machen, weil er angeblich nur so imstande gewesen wäre, das Habsburgerreich in die Zukunft zu leiten. Der Kronprinz reift zu einem fragilen, liberalen, antiklerikalen Menschen heran, interessiert an den Wissenschaften. »Er hat seziert«, erzählt Reiter, »er hat hervorragend gezeichnet, er war ein musischer und kunstsinniger Geist.« In Beiträgen für Zeitungen schrieb er unter Verwendung eines Pseudonyms gegen den Vater an. Dieser erfuhr es durch seine Spitzel und disziplinierte ihn. Rudolf betäubt sich mit Kokain und Morphium und verliert sich in amourösen Affären. Schon seine heimliche Geliebte, Mizzi Kaspar, will er mit in den Tod nehmen, sie weist ihn diesbezüglich ab. Seine Frau, Stephanie von Belgien, Tochter von König Leopold II., infiziert er derweil mit Gonorrhö – eine Tripper-Erkrankung.

Ein autoritärer Vater, ein gebrochener, drogenkranker Sohn. So lebten die Habsburger in jenen Zeiten hinter den Kulissen der Macht. Die Welt war im Umbruch. Und dann passiert in diesem kleinen Mayerling ein Drama, das das Weltgeschehen komplett verändern sollte: Am 29. Jänner 1889 lädt Rudolf die aristokratische Schickeria zu einer Party auf sein Anwesen in Mayerling. Auch Mary Vetsera sollte dabei sein. Von seinem Leibfiaker Johann Bratfisch wird sie gewissermaßen nachgeliefert, in einem eigenen Zimmer wartet sie auf ihn. Am Abend gibt der Kronprinz seinem Kammerdiener Johann Loschek noch den Auftrag, ihn zeitig in der Früh zu wecken. In der Nacht vernimmt Loschek aufgeregte Gespräche zwischen Mary und Rudolf. In der Früh hört er zwei Schüsse. Er riecht Pulverdampf, holt andere Männer herbei, schlägt die Tür ein und findet den Kronprinzen und Mary im Blut im Bett. Jahrzehnte später, 1928, gibt Loschek seinem Sohn zu Protokoll, was er damals sah: »Welch grauenhafter Anblick – Rudolf lag entseelt auf seinem Bette angezogen, Mary Vetsera ebenfalls auf ihrem Bette vollständig angekleidet. Rudolfs Armeerevolver lag neben ihm. Beide hatten sich überhaupt nicht schlafen gelegt. Beiden hing der Kopf herunter. Gleich beim ersten Anblick konnte man sehen, dass

Rudolf zuerst Mary Vetsera erschossen hatte und dann sich selbst entleibte. Es fielen nur zwei wohlgezielte Schüsse. (…) Die Betten standen nicht wie Ehebetten nebeneinander, sondern an den beiden Wänden. Auf dem Nachtkästchen Rudolfs war ein einfacher Zettel, an mich adressiert, und darauf stand: ›Lieber Loschek! Holen Sie einen Geistlichen und lassen Sie uns in einem gemeinsamen Grabe in Heiligenkreuz beisetzen. (…) Rudolf.‹«

Die Habsburger vertuschen den Mord an Mary und den Selbstmord Rudolfs nach allen Regeln der Kunst. Mary wird – so lautet eine Legende – noch in Mayerling umgekleidet. Man habe ihr die blutigen Kleider aus- und ein frisches Kleid übergezogen und einen Besenstiel hinten durchs Kleid gesteckt, sodass sie als Leiche in einer Kutsche aufrecht sitzen konnte. Man habe ihr dort, wo der Schuss eingedrungen sei, einen Hut aufgesetzt. Ob die Kostümierung wirklich so erfolgte, ist heute umstritten. Fest steht nur, dass sie an der Friedhofsmauer in der Ecke der Selbstmörder verscharrt und erst auf Drängen der Mutter später umgebettet wird. Es ist ein Begräbnis ohne jede Würde, auf eine gespenstische und eigentlich unheimliche Art exekutiert.

Ein unabhängiger Selbstmord also, so hätten die Habsburger die Tat gerne gesehen. Und auch Kronprinz Rudolf, so ergab ein sogenannter hofinterner, bis heute nicht veröffentlichter Obduktionsbericht, habe sich den Schuss »selbst beigebracht«, in einem Zustand geistiger Umnachtung wohlgemerkt. Damit war es möglich, ihm die Todsünde des Selbstmordes nachzusehen. Denn der Suizid wurde damals von der Kirche geächtet, ein kirchliches Begräbnis eines Selbstmörders wäre nicht gestattet gewesen, schon gar nicht in der Kapuzinergruft. Das Herrscherhaus, sagt Reiter, konnte es sich richten. Und Mary Vetsera? Hatte Rudolf sie ermordet, oder tötete sie sich selbst? Oder war sie die Selbstmörderin, zu der sie die Habsburger erklärten?

Sowohl Kronprinz Rudolf als auch Mary Vetsera schrieben Abschiedsbriefe. »Liebe Stephanie«, schrieb Rudolf an seine Frau, »Du bist von meiner Gegenwart und Plage befreit. Werde glücklich auf Deine Art. Sei gut für die arme Kleine, die das Einzige ist, was von mir übrigbleibt. (...) Ich gehe ruhig in den Tod, der allein meinen guten Namen retten kann. Dich herzlichst umarmend, Dein Dich liebender Rudolf.«

Mary schrieb am 29. Jänner 1889 an ihre Schwester: »Meine liebe Hannah, wenige Stunden vor meinem Tod will ich Dir adieu sagen. Wir gehen beide selig in das ungewisse Jenseits. Weine nicht um mich, ich gehe fidel hinüber.«

Marys Briefe allerdings wurden versteckt, sagt Reiter, sie waren in Privatbesitz, und erst 2015 entdeckte man sie in einem Schließfach der Schöllerbank. Aber immer noch war nicht geklärt, wie Mary Vetsera starb. Hatte sie sich erschossen? Und sich Rudolf dann das Leben genommen? Weder im 19. Jahrhundert noch nach dem Grabraub wird ihr Körper begutachtet. Vetseras Nachkommen wollten es nicht.

Was es gibt, das sind die Fotos des Möbelhändlers Flatzelsteiner, die Christian Reiter vor sich hat. »Und auf denen war eindeutig zu erkennen, dass hinter dem rechten Ohr eine Lücke im Schädel ist, die eine trichterförmige Verbreiterung nach außen erkennen lässt.« Die Ballistiker nennen es das »Schneepflugphänomen«. Das Projektil schiebt das Gewebe vor sich her, »und Ausschüsse sind immer trichterförmig nach außen sich verbreiternd«. Mit fototechnischen Methoden hatte Reiter dann den Kopf vervollständigt. »Man konnte sehen, dass ein Einschuss in der linken Schläfenregion gelegen ist und – das ist das Bemerkenswerte – dass der Schusskanal nicht wie bei einem Selbstmörder aufsteigend ist.« Mary war Rechtshänderin.

Reiter gelangte nicht nur an die Fotos, sondern auch an eine von Flatzelsteiner zurückbehaltene Haarlocke Marys. Mittels Rasterelektronenmikroskopie der Haare konnte er auch Schmauchbestandteile und Blei- sowie Knochenpartikel nachweisen. Ein Beweis für einen Schuss aus allernächster Nähe. Reiter ist sich sicher: Der Kronprinz hat zuerst Mary erschossen und dann sich selbst. So wie es der Kammerdiener Loschek seinem Sohn zu Protokoll gegeben hatte.

BEETHOVENS VERLOCKENDE LOCKEN

Mary Vetseras Fall zeigt es: Das Haar, letztlich auch nur ein langer Hornfaden, ist Speicher von Beweisen, ein Chronometer unseres Lebens. Die in ihm aufbewahrte Information überdauert uns, die moderne Technik schafft es, mithilfe unserer Haare Jahrhunderte zurückzublicken. Haare archivieren nicht nur Spuren von Schmauch und Schwermetallen, sie dokumentieren auch Zeiten des Hungers und der Not. Oder Seitensprünge unserer Urahnen.

Haare enthalten mitochondriale DNA – und damit Teile unseres mütterlichen Erbgutes. Wer über die Haare eines Toten verfügt, kann Teile seines Lebens aufschlüsseln, seine Krankheiten, seine Vorlieben, seine Leidenschaften. Die Möglichkeiten der Wissenschaft haben sich in den vergangenen Jahren potenziert. Und damit auch die Überraschungen.

Das erste Mal lernte ich vom forensischen Faszinosum der Haare, als ich für die Hamburger Wochenzeitung *Die Zeit* arbeitete. Während einer Recherche über das »Outsourcing of Torture« von Terrorverdächtigen durch den US-Geheimdienst CIA auf europäischem Boden traf ich im Jahr 2005 auf den

Ulmer Rechtsanwalt Manfred Gnjidic. Wir saßen in einem rustikalen Dorfgasthaus in Ulm bei Ente, Rotkraut und schweren Kartoffelknödeln, als er mir die schier unglaubliche Geschichte seines deutsch-libanesischen Mandanten Khaled al-Masri erzählte.

Der Mann sei eines Tages bei ihm im Büro gestanden und habe davon berichtet, in die Mühlen der Weltpolitik geraten zu sein, erzählte Gnjidic. Er habe ihn um anwaltliche Hilfe gebeten. Er sei 2003, im Alter von vierzig Jahren, in Mazedonien von der Polizei verhaftet, amerikanischen Agenten übergeben, von diesen nach Afghanistan verschleppt und dort in einem dunklen Verlies wochenlang gefoltert worden. Und zwar, weil ihn amerikanische Agenten für einen Mitwisser der Attentate vom 11. September auf das World Trade Center hielten. Er sei damals in einen Hungerstreik getreten und habe 18 Kilo abgenommen. Als die US-Behörden erkannt hatten, dass sie al-Masri mit einem Al-Kaida-Terroristen verwechselt hatten, habe ihn die CIA in einem albanischen Wald ausgesetzt. Er sollte schweigen.

Gnjidic erzählte mir, dass er al-Masris Geschichte zunächst für »Quatsch« gehalten habe. Er befürchtete, wieder einmal einem Mandanten mit Verfolgungswahn gegenüberzustehen. Gnjidic wies al-Masri dennoch nicht die Tür, sondern er nahm ihn ernst. Er schickte ihn zu einem Chemiker, der seine langen, lockigen Haare untersuchte. Und tatsächlich entdeckte dieser darin einen Abschnitt, der Unterernährung und Unterversorgung dokumentierte. Er passte chronologisch genau zu den Angaben al-Masris. Via *New York Times* wurde die Geschichte damals enthüllt; deutsche Medien fanden heraus, dass auch deutsche Behörden in den Fall verwickelt waren.

Al-Masri lebt heute schwer erkrankt in Graz, er strauchelte, saß später wegen Gewaltausbrüchen jahrelang in Haft und fand nie wieder in ein normales Leben zurück.

Reiter wiederum erzählte mir vom rätselhaften Tod zweier gesunder Männer, die plötzlich fürchterliche Qualen litten, ehe sie nach monatelangem Martyrium zugrunde gingen. Wie sich später herausstellte, hatten die beiden dieselbe Haushälterin, eine Polin. Verdorbene Wurst hätte eines der Opfer zu Beginn seiner Erkrankungen gegessen, gab sie zu Protokoll. Doch in Wahrheit war es, wie Reiter mithilfe von Chemikern nach einer Exhumierung der Männer entdeckte, Arsen, das die Polin vermutlich aus einem aufgelassenen Bergwerk in ihrer Heimat erwarb. Sie mischte es den Männern heimlich ins Essen, Reiter überführte sie anhand von chemischen Analysen von Haaren und Fingernägeln. Die Mörderin sitzt eine lebenslange Haftstrafe ab.

Halb- und Schwermetalle sind in unseren Körpern auf Jahrhunderte nachweisbar. Und das führt uns zu den Haaren einer besonders prominenten Person: zu den Locken von Ludwig van Beethoven. Die wenigen Haare, die weltweit noch von ihm existieren, waren und sind nicht nur ein beliebtes und auf Auktionen teuer gehandeltes Sammlerobjekt von Beethoven-Fans. Um seine Haarpracht ist auch ein leidenschaftlich geführter wissenschaftlicher Disput entbrannt, der auch Reiter berührt hat.

Der Disput gibt vor allem Einblick, mit welchen faszinierenden Methoden sich Biologen, Genetiker, Forensiker und Anthropologen an die Wahrheit heranforschen. Und er gibt Einblick in die Nöte eines weltberühmten Genies, der wie ein armer Hund zugrunde ging.

Ludwig van Beethoven, 1770 in Bonn geboren, 1827 »im Blitz und Donner eines Frühlingsgewitters in Wien gestorben« (*Der Spiegel* anno 1956), ist frühzeitig schwerhörig geworden, ehe er fast völlig sein Gehör verlor. Warum wurde ein Mann taub, der noch gehörlos komponierte und dirigierte? Schon zu Lebzeiten rätselten seine Ärzte, Beethoven selbst verfügte mit 31 Jahren in seinem berühmten »Heiligenstädter Testament«, die Wissenschaft möge dies durch eine Obduktion aufklären und »meine Krankheit beschreiben«. Beethovens Schädel wurde aufgesägt, seine Gehörknochen entnommen, sie verschwanden später auf mysteriöse Art. Seine Organe wurden seziert, er wurde gleich zweimal exhumiert und angebliche Knochenstücke seines Schädels im Jahr 2023 von einem Amerikaner der Medizinischen Universität Wien vermacht. Auch Christian Reiter ist in die Begutachtung von Beethovens Knochen und Haaren – deren endgültige Identität noch nicht bewiesen ist – involviert.

Eines kann man vorwegnehmen: Mediziner, Biologen und Genetiker haben für Beethovens Gehörverlust bis heute keine schlüssige Erklärung. Sie beantworten derweil andere Fragen: etwa die, ob er an einer Leberzirrhose starb, ausgelöst durch Hepatitis B und übermäßigen Konsum von Wein, der damals eventuell mit Bleizucker gesüßt wurde. Oder wurde er doch das Opfer seines letzten Arztes, der den mit Wassersucht dahinsiechenden Komponisten nach einer Lungenentzündung mit einer sogenannten Bleiarznei behandelte und ihm solcherart den Rest gab? Das ist Christian Reiters Theorie, aber eines von zwei wichtigen Beweisstücken dafür, so erfahren wir während der Zusammenarbeit, ist unbrauchbar geworden.

Die Causa Beethoven ist nicht nur so faszinierend, weil

sich hier Experten leidenschaftlich, ja fast verbissen dem Leben eines Komponisten widmen, sondern weil sie auch zeigt, wie die Wiener Fankultur vor zweihundert Jahren aussah. Beethovens Groupies hatten zu seinen Lebzeiten, aber auch an seinem Sterbebett den Drang verspürt, an ein paar von Ludwigs imposanten Locken zu gelangen. Beethoven, so ging das Gerücht, sei nahezu kahlköpfig gewesen, als man ihn begrub, weil so viele Fans eine Locke als Reliquie begehrten.

Auch Mozarts oder Schuberts Locken wurden teuer gehandelt, sorgfältig verwahrt und von Forensikern, Genetikern und Anthropologen untersucht. Jedoch übte das Locken-Business auch beträchtliche Anziehungskraft auf Gauner und Betrüger aus. Schon zu Lebzeiten Beethovens wurden einer Verehrerin Ziegenborsten als Komponistenhaar untergeschoben. Beethoven selbst deckte den Schwindel auf und schnitt sich eine Locke ab, um den betrogenen Fan zu entschädigen. Und nun stellte sich heraus, dass eine ganz berühmte Locke, an der Christian Reiter seine spannende und in internationalen Fachblättern publizierte Theorie aufbaute, offenbar auch nicht von Beethoven stammt, sondern von einer Jüdin. Aber alles der Reihe nach.

Am 1. Dezember 1994 knallt beim berühmten Auktionshaus Sotheby's der Hammer. Wohlfeile 3600 Pfund blättern der amerikanische Immobilienmakler Ira F. Brilliant und der Urologe Alfredo Guevara für 582 Haare hin, die in einem Medaillon kunstvoll zu einer Locke gedreht worden waren. Der erst 15-jährige Frankfurter Musikschüler Ferdinand Hiller soll sie Beethoven am Totenbett abgeschnitten und 56 Jahre später seinem Sohn Paul Hiller vererbt haben. In den Wirren des zwanzigsten Jahrhunderts – die Hillers waren Juden – verliert sich der Weg der Locke. Ab Oktober 1943 ist die »Hiller-Locke« im Besitz des dänischen Arztes Kay A. Fremming aus Gilleleje dokumentiert. Fremming unterstützte Juden, offenbar auch einen Erben der Hillers, bei der Flucht vor den Nazis nach Schweden.

Der Urologe und der Immobilienmakler ersteigern also das Hiller-Medaillon, öffnen es im Dezember 1995. Der Urologe bekommt 160 der 582 Haare. Die verbliebenen 422 Haare werden am Ira F. Brilliant Center for Beethoven Studies an der San José State University museal verwahrt.

Nicht nur Sotheby's deklariert die Hiller-Locke als echt. Bücher und Fachaufsätze werden über diese profane Reliquie geschrieben, Filme gedreht, ganze Theorien bauen auf dem Haarbüschel auf. Der Urologe Guevara verspürte aber nicht nur das Bedürfnis, die Haare des Genius zu besitzen, sondern er möchte auch dem Wunsch Beethovens nachkommen, den er in seinem Heiligenstädter Testament zum Ausdruck gebracht hat, nämlich die Gründe der Taubheit zu ergründen. Die Hiller-Locke bot die Möglichkeit, es herauszufinden, glaubte er.

Schon in den USA wurde die Locke in einem Teilchenbeschleuniger auf Schwermetalle untersucht. Es kursierte das Gerücht, Beethoven habe an Syphilis gelitten, eine Geschlechtskrankheit, die damals mit Quecksilber behandelt wurde. Die Forscher finden aber statt Quecksilber etwas anderes: zirka hundertmal so viel Blei als normal.

Nun betritt Christian Reiter die Bühne. Guevara lernt ihn durch einen Film über die Hiller-Locke kennen und überlässt ihm drei Haare. Reiter untersucht sie gemeinsam mit dem Chemiker Thomas Prohaska mit den neuesten Technologien.

Mithilfe eines hochenergetischen, zehn Mikrometer dünnen Laserstrahles verdampfen die Forscher die Haarmatrix in achtzig Mikrometerschritten und analysieren dann die Verdampfungsrückstände. Die Haare werden »nadelöhrartig durchschossen«, erzählt Reiter. Am Ende sehen sie aus wie eine Strickleiter. Ergebnis der Untersuchung: Die Hiller-Locke verfüge tatsächlich über eine Bleikonzentration, die »schwankend um einen Faktor zehn- bis einhundertmal erhöht« ist. Kurz vor Beethovens Tod sei der Bleiwert enorm angestiegen.

Reiter untersucht nicht nur die Hiller-Locke, sondern auch die sogenannte »Jedlesee- oder Bernard-Locke«. Noch ein Haarbüschel, das Beethoven am Totenbett abgeschnitten worden sein soll. Sie liegt heute aufgeteilt sowohl im Bezirksmuseum Wien-Floridsdorf als auch im Beethovenhaus Baden, ursprünglich stand sie im Besitz des Rollettmuseums in Baden, dort, wo auch Angelo Solimans Totenbüste ausgestellt ist. »Die detaillierte Untersuchung einiger Haare aus dieser Locke bestätigt das gleiche Bleiverteilungsmuster, wie es bereits in der Hiller-Locke vorgefunden wurde«, schreibt Reiter. Eine enorme Bleibelastung in den letzten Tagen vor dem Tod und immer wieder ein paar Blei-Peaks in den Wochen davor. Reiter konstruierte mit seinen Untersuchungen nun eine Theorie, die in internationalen Medien, aber auch in den Fachblättern der Beethoven-Gesellschaften breite Beachtung findet. Seine These: Beethoven war letztlich auch das Opfer seiner Therapie und seiner Ärzte. Sie hätten ihm in Form von Bleiarzneien den letzten Rest gegeben. Wie viele seiner Zeitgenossen hatte auch Beethoven Blei zu sich genommen, denn der sorglose Umgang mit Schwermetallen war damals üblich.

Etwa über den Verzehr von Fischen aus den bleibelasteten Wiener Gewässern. Oder durch den Genuss des mit Bleizucker gesüßten Weins – denn er liebte den lieblichen Wein von der Mosel und den Tokajer. Aber diese Mengen haben den Komponisten nicht über das normale Maß belastet.

Es sei anders gewesen: Beethoven habe den Spätsommer und Herbst 1826 bei seinem Bruder in Gneixendorf in der Wachau verbracht. 56 Jahre war er damals alt, aber schon lebensbedrohlich angeschlagen. Beethoven litt an Hepatitis B, die er sich aufgrund seines Lebenswandel eingefangen hatte und an einer dadurch ausgelösten Leberzirrhose. Beethovens Bauchumfang nahm deshalb zu, es entwickelte sich eine »Bauchwassersucht«. Er wird dicker, obwohl er nicht viel isst. Reiter sagt: »Da bahnte sich langsam ein Leberversagen an.«

Im Spätherbst reist der kranke Beethoven von der Wachau zurück nach Wien in seine Wohnung in der Schwarzspanierstraße. Beethoven, ein sparsamer Mann, hatte sich entschlossen, mit einem sogenannten Milliwagen zu reisen, einem Leiterwagen ohne Verdeck, mit dem Milchkannen transportiert wurden. Ein Regen überrascht ihn, er übernachtet durchnässt in einem ungeheizten Gasthof und holt sich dort eine Lungenentzündung. Als er in Wien ankommt, ruft er bereits fiebernd nach einem Arzt. Der Patient war bei den Ärzten eher unbeliebt, weil er ihnen zu verstehen gab, dass sie unfähig dazu wären, seine Ertaubung zu verhindern. Nach drei Tagen erst wird Dr. Andreas Ignaz Wawruch aus dem Garnisonsspital hinzugezogen, der die letzten Wochen im Leben Beethovens in einem posthum veröffentlichten Brief dokumentieren wird. Wawruch führt laut seinem Dokument eine »streng entzündungswidrige Therapie« durch. Er heilt zwar Beethovens Lungenentzündung, dafür nimmt nun dessen Bauchumfang rapide zu, die Leber beginnt zu versagen. Die Bauchwassersucht drückt das Zwerchfell nach oben, was dazu führt, dass Beethoven nicht mehr richtig atmen kann. Ein zu Hilfe gerufener Chirurg steckt ihm nun ein Metallrohr in den Bauch, um die Flüssigkeit aus dem Bauch abzulassen. Beethoven »musste die Zähne zusammenbeißen«, sagt Reiter, »während der Chirurg es so lange rinnen lässt, wie es rinnt«. Etwa vierzig Liter sollen ihm nach und nach abgelassen worden sein.

Der weltberühmte Beethoven liegt also in der Schwarzspanierstraße im heutigen neunten Bezirk auf einem Strohsack, der von seinem Bauchwasser durchtränkt und durchfeuchtet war. Reiter sagt: »Er war ein bemitleidenswerter Mensch.« Die Bauchwunde entzündete sich natürlich, und Beethoven bekommt zur Desinfektion aller Wahrscheinlichkeit nach immer wieder ein sogenanntes Bleipflaster. Schweineschmalz wurde damals mit Bleisalzen gekocht, die klebrige, desinfizierende Paste wie ein Verband zur Versiegelung der Punktionsstelle aufgetragen. Reiter sagt, das sei laut damaliger Arzneimittellehren Standard gewesen. Selbstverständlich sei Blei vom Körper an den Wundrändern aufgenommen worden.

Woran ist Beethoven also gestorben? Im Obduktionsprotokoll zeige sich eine »kleinknotige Leberzirrhose«, die für eine durchgemachte Hepatitis-Infektion spreche. Dass Beethoven trotz schlechter Leber täglich getrunken habe, war wohl für seinen Krankheitsverlauf beschleunigend. Und hier, erklärt Reiter, spielen die von ihm untersuchten Haare eine Rolle. Sie würden beweisen, dass Beethovens Locken immer dann mit Blei belastet wurden, wenn Doktor Wawruch die

»streng entzündungswidrige Therapie« und die Bleischmalz-Pflaster auftrug. Durch die Bleitherapie habe Beethovens Leber endgültig versagt.

Für die nicht gerade kleine Beethoven-Community war das eine große Geschichte, die Reiter da erzählte. Die Story war nicht zuletzt deshalb so reizvoll, weil auch die Beweisstücke damit große Geschichte zu atmen schienen. Eine Locke, die ein junger Mann dem toten Genius vom Kopf schnitt, die dann in den Wirren der Nazizeit bei einem dänischen Arzt landete. Einem Arzt, dessen Nachfahren die Haare bei Sotheby's versteigern ließen. Und die dann über den Umweg eines amerikanischen Urologen mit dem klingenden Namen Alfredo Guevara bei Reiter landeten.

Aber stimmt diese Geschichte? Oder ist sie zu gut? Ende 2022, als Reiter seine Forschungsergebnisse via Podcast wieder einmal berichtete, erreichte uns die E-Mail eines Beethoven-Forschers aus den USA. Es gebe erste Hinweise, dass die Angelegenheit möglicherweise doch ganz anders sei. Die berühmte und in Film und Literatur verewigte Hiller-Locke, so lautete das Gerücht innerhalb der Beethoven-Szene, stamme vielleicht gar nicht vom Genius.

Und tatsächlich: Im März 2023 veröffentlichte Tristan Begg, ein junger Forscher aus Cambridge, eine bahnbrechende internationale Studie. Begg untersuchte gemeinsam mit einem interdisziplinären Forscherteam acht unterschiedliche Locken, die Beethoven zugeschrieben wurden. Er entschlüsselte Beethovens Genom, entdeckte, dass ein Vorfahre ein Kuckuckskind war, er fand genetische Hinweise, dass Beethovens Leberleiden auch genetisch programmiert war. Beggs beeindruckende Arbeit entstand gemeinsam mit dem Max-

Planck-Institut für evolutionäre Anthropologie in Leipzig, das das Neandertaler- und das Denisovagenom entschlüsselt hatte.

Und Begg publizierte noch etwas: Die berühmte Hiller-Locke sei mit Sicherheit nicht vom Kopf des Genius geschnitten worden, denn sie enthalte keine DNA von Beethoven. Ganz im Gegenteil: Die Haare würden von einer askenasischen Jüdin stammen, es befinde sich »nicht ein einziges Molekül« von Beethoven darin, schreibt Begg.

Wie konnte das sein? Reiter argumentiert, die Hiller-Locke sei 56 Jahre unter unbekannten Bedingungen verwahrt gewesen, bevor sie in das Medaillon kam. Feuchtigkeit und Bakterien oder auch lang dauernde Sonnenlicht- beziehungsweise UV-Einwirkung könnten die DNA Beethovens zerstört haben, wie man dies häufig zum Beispiel bei unsachgemäß gelagerten biologischen Spuren in Kriminalfällen feststellen muss. Diese DNA-losen Haare Beethovens könnten vielleicht in späterer Folge mit fremder DNA auf Klebstoff kontaminiert worden sein. Ein weibliches Mitglied der Familie Hiller habe sie, bevor sie in das Medaillon gelegt worden waren, womöglich mit Leim zusammengeklebt und dabei ihre DNA darauf hinterlassen. Und tatsächlich lassen sich im Rasterelektronenmikroskop auch Leimauftragungen auf den Haaren nachweisen.

Forscher Begg schließt das aus, etwas verärgert schreibt er mir: »Dafür gibt es keinerlei Beweise.« Die Locke sei nicht mit weiblicher DNA kontaminiert, sondern stamme von einer Frau. Die gesamte Herkunft der Hiller-Locke sei viel zu schwach dokumentiert.

Und der Bleigehalt in der zweiten Locke, die Reiter für seine Bleivergiftungstheorie vorlegt? Auch hier sei Vorsicht geboten, warnte 2007 wiederum ein amerikanischer Toxikologe in einer Replik auf Reiters Publikation. Die Messmethoden seien nicht so verlässlich, wie die Wiener Forscher das vermuten. Hohe Bleibelastungen habe es zudem immer wieder gegeben. Im Mai 2024 erschien nun eine Publikation eines amerikanischen Forscherteams, die in zwei Haarproben , die molekularbiologisch eindeutig Beethoven zugeschrieben werden können, tatsächlich abnorm erhöhte Bleikonzentrationen nachweisen konnten. »Faszinierend«, sagt Reiter dann doch etwas grummelig auf all die vorliegenden Ergebnisse, »wir werden weitermachen bei der Suche nach der Wahrheit.«

Natürlich wurmt es ihn ein bisschen, dass seine Theorie angezweifelt – Begg sagt: »widerlegt« – wird, aber es gibt noch weitere Haarlocken Beethovens und vor allem die angeblich im Teilchenbeschleuniger in den USA als bleibelastet nachgewiesenen Schädelknochen, deren Echtheit noch mit der DNA aus den »echten« Locken abzugleichen wäre.

So ist das in der Wissenschaft. »Jede Publikation ist ein Beitrag zum Kanon unseres Wissens«, formuliert Begg in einer E-Mail an mich. Einer allein könne die Wahrheit nicht finden, aber viele Forscher gemeinsam können sich dieser nähern, ergänzt Reiter. Und die Taubheit Beethovens? Sie ist nach wie vor ein Rätsel. Im Genom des Genius findet sich keine Erklärung dafür.

SCHUBUMKEHR – REITERS ALBTRAUM

Es ist Sonntag. Wochenenddienst für Christian Reiter am gerichtsmedizinischen Institut. Das Telefon läutet. Reiter hebt ab. »Über dem Wienerwald«, sagt die Stimme eines Kriminalbeamten, »ist ein Flugzeug abgestürzt!« Der ganze Wald ist voll mit Leichen. Die Stimme befiehlt: »Kommen Sie! Schnell!«

Reiter notiert die wichtigsten Koordinaten. Er versucht, seine Kollegen zu verständigen. Er wählt verschiedene Nummern: Die Polizei, die Staatsanwaltschaft, niemand hebt ab, er steckt in einer Warteschleife, aber die Stimme ruft: »Die Toten hängen in den Bäumen, irgendwer muss sie identifizieren!« Dann schreckt er schweißgebadet auf aus dem Schlaf.

In jungen Jahren wurde Christian Reiter immer wieder geplagt von diesem Albtraum. Der Horror hatte einen realen Hintergrund: ein Großbrand, verdrängt aus dem Gedächtnis der Wiener, aber nicht verdrängt aus dem seinen. Am 28. September 1979 brannte es im Hotel am Augarten, eine Katastrophe, die die meisten Opfer in Friedenszeiten in Wien verursachte. Eine glimmende Zigarette war in der Portierloge des Hotels unbemerkt zu Boden gefallen. Der Spannteppich gloste, giftige Rauchgase erfüllten das Hotel, ehe das Feuer ausbrach. 25 schlafende Hotelgäste starben, bevor das Feuer überhaupt bemerkt wurde. »Die Leichen«, erinnert sich Reiter, »waren nur ein bisschen berußt.«

Reiter hatte damals gerade sein Medizinstudium abgeschlossen, seine Einschätzungen als junger Assistent an der Gerichtsmedizin waren bei den Eminenzen nicht gefragt. Im Gegenteil: »Ich habe die Gosch'n halten und zuschauen dürfen. Und das habe ich auch gemacht.«

Er hätte aber gerne etwas gesagt. Denn er erinnert sich noch heute mit Schaudern daran, wie die Toten den Hinterbliebenen oder anderen Zeugen auf Wagerln vorgeführt wurden. »Die Leute betrachteten die Verstorbenen und sagten: Ja, den kenne ich vom Frühstück, der ist am Tisch neben mir gesessen, das war der Herr Müller, das ist die Frau Meier.«

Damals wurden die Menschen auf diese Weise identifiziert, und Reiter dachte: Das kann's nicht sein. Das ist keine Wissenschaft, da kann ja jeder irgendwas behaupten. Zahnstatus, Narben, Tätowierungen: Nichts davon wurde dokumentiert. Die schlampige Feststellung der Identität von Toten hat jedoch weitreichende Konsequenzen. Menschen, die nicht identifiziert sind, gelten als vermisst. Und Menschen, die für tot erklärt werden, aber noch leben, verlieren ihr Vermögen. Es hängen Erbschaften, Obsorgeverpflichtungen, Ehestandserklärungen, Unterhaltspflichten, Eigentumsverhältnisse und vieles andere mehr an Todeserklärungen.

Umgekehrt könnten sich Menschen, die noch leben, für tot erklären lassen, aus dem Staub machen und irgendwo ein neues Leben beginnen. Das sei alles schon vorgekommen, sagt Reiter: »Unsere Rechtsordnung ist deshalb so eingerichtet, dass man mit Sicherheit feststellen muss, wer gestorben ist.« Das kurze Anheben des Leichentuches durch Verwandte, wie wir es aus Kriminalfilmen kennen, sei nicht nur belastend, es sei auch »mit großen Fehlern behaftet«, nicht zuletzt, weil man als Toter ein bisschen anders aussehe. Die Gesichtszüge zerfließen, die Physiognomie eines Toten verändert sich. Ein liegender Mensch sieht anders aus als ein stehender.

Reiter war vom Dilettantismus bei der Identifizierung der Toten im Augartenhotel nicht zuletzt deshalb so schockiert, weil die Wiener Gerichtsmedizin hundert Jahre zuvor schon viel weiter war. 1881 brach im Ringtheater in Wien ein entsetzliches Feuer aus. Gaslaternen hatten sich im Theater entzündet, die Fluchttüren öffneten sich nur nach innen. Mindestens 384 Menschen starben, vor allem jene, die auf den billigen Plätzen hoch oben auf der hölzernen Galerie keine Chance zur Flucht hatten. Technisches Versagen, Baumängel, aber auch unvorstellbares Behördenversagen verursachten diese Katastrophe. Der damalige Polizeichef Anton Landsteiner erklärte das Theater zu einem Zeitpunkt für evakuiert, als noch Zuschauer darin waren, Helfern wurde der Zugang verweigert.

Damals hatte der berühmte Gerichtsmediziner Eduard von Hofmann nicht nur entdeckt, dass viele Opfer an den Folgen einer Kohlenmonoxidvergiftung gestorben, also nicht verbrannt waren. Er hatte auch erforscht, wie man deren Identität am besten feststellt. Der Kopf eines Brandopfers liegt heute noch als Asservat im Gerichtsmedizinischen Museum in der Sensengasse, das Hofmann mitbegründet hatte. Auch Hofmanns Porträt hängt an der Wand, gleich oberhalb der Treppe, die in das museale Totenreich führt, je zwei Skelette stehen wie Wachen neben ihm.

Schon damals war der Zahnstatus entscheidend, klärt mich Reiter auf, jeder Mensch hat ein unverwechselbares Gebiss. Bei verbrannten Leichen bleibt der Zahnapparat lange und sehr gut erhalten. Plomben, Zahnlücken und Zahnfehlstellungen geben Aufschluss über die Identität eines Menschen. »Wenn Sie abgängig sind«, beruhigt mich Reiter, »und wir finden irgendwo einen Körper in einem katastrophalen Zustand, dann gehen wir zu Ihrer Zahnärztin und bitten um Ihr Zahnröntgen, und das vergleichen wir dann.«

Bei Brandopfern könne man aber auch innere Befunde heranziehen. Wurde ein Mensch an der Gallenblase operiert, »dann sucht man halt die Gallenblase in der Leiche«. Reiter hat auch entdeckt, wie man die Leichen von Rauchern und Nichtrauchern unterscheidet. In den Lungen finden sich spezielle Raucherzellen. Darüber hat Reiter seine Habilitationsschrift verfasst.

Lungen seien bei Brandopfern zudem meist unversehrt. Denn das Verbrennen eines Leichnams bis in die Tiefe der inneren Organe verlangt enorme, stundenlange Hitzeeinwirkung. Selbst beim Ringtheaterbrand 1881 oder bei einem Flugzeugabsturz führt die Hitze nur in den obersten Zentimetern des Körpers zu Verkohlungen. In der Tiefe »sind wir vielleicht ein bisschen gekocht, also durch die Hitzeeinwirkung denaturiert«, sagt Reiter, aber im Zentrum des Körpers sei meistens noch flüssiges Blut, das man für chemische Untersuchungen verwenden könne. Dass das Anzünden einer Leiche diese zerstöre, ist ein Fehlschluss von Tätern. »Habe ich Glück, finde ich Prothesen, einen Herzschrittmacher oder ein Brustimplantat, und mit den Herstellungsnummern kann ich rekonstruieren, wer die Opfer sind.«

Reiter hatte also – vielleicht auch dank seines Albtraums – einiges Wissen über Katastropheneinsätze gesammelt. Aber der Ernstfall ist seit dem Jahr 1979 nie mehr eingetreten, bis zu jenem 27. Mai 1991, den der Professor nie vergessen wird. Er war gerade wieder Vater geworden, stand wie üblich im Seziersaal, obduzierte eine Leiche, als das Telefon läutete. Ein Staatsanwalt war am Apparat, Reiter kannte den Mann – und er ihn.

In der vergangenen Nacht, um 23 Uhr 17, sei in der Nähe von Bangkok bei Suphanburi eine Boeing 767 abgestürzt, ein Flugzeug jener Lauda Air, die der weltberühmte Formel-1-Fahrer Niki Lauda gegründet hatte, um der staatlichen AUA Konkurrenz zu machen. Die Lauda Air bot damals erschwinglichen Luxus. Es gab feines Essen, und manchmal saß der dreifache Weltmeister selbst im Cockpit.

Niemand habe überlebt, meldeten die Nachrichtenagenturen, auch nicht die Privatsekretärin des thailändischen Königs, die neben österreichischen Urlaubern und einer Studentengruppe aus Innsbruck im Flugzeug saß. Das Fernsehen zeigte später Niki Lauda, wie er zwischen den Trümmern durch den Urwald stolperte. Für einen Moment hatten die Behörden an einen Terroranschlag gedacht, da der UN-Drogenbeauftragte im Flieger saß und die Behörden damals im sogenannten Goldenen Dreieck zwischen Thailand, Laos und Burma versucht haben, den illegalen Drogenhandel zu bekämpfen. Der Unfall hatte ganz andere Ursachen, wie sich später herausstellte: Eine sogenannte »Schubumkehr«, also ein technisches Gebrechen der Boeing, hatte die Katastrophe ausgelöst.

Am Apparat, erinnert sich Reiter, war nun ausgerechnet

jener Staatsanwalt, dem er nur wenige Wochen zuvor im sogenannten Lainz-Prozess zugearbeitet hatte. Die »Todesengel von Lainz«, vier Hilfsschwestern aus Wien, hatten mindestens 49 Patienten durch die sogenannte »Mundpflege«, also das Einfüllen von Wasser in die Lungen, getötet. Oder einfach nur mit Rohypnol. Reiter hatte diese spezielle Form des Ertrinkungstodes nachgewiesen und war dadurch weltweit bekannt geworden. Sogar die *New York Times* berichtete über den Fall.

Nun sollte er also – gemeinsam mit Experten des Bundeskriminalamts Wiesbaden – die Toten in Thailand identifizieren, darunter dutzende, wenn nicht sogar hunderte Österreicher. Reiter hatte kaum Zeit zum Überlegen. Ein deutsches Team, so teilte der Staatsanwalt mit, sei bereits auf dem Flug von Frankfurt nach Wien. Bei einer Zwischenlandung würde man ihn gleich mitnehmen. Er solle sich beeilen.

Reiters Auftrag war die Identifizierung des Piloten und Co-Piloten. Er hatte auch zu klären, ob sie gesundheitlich beeinträchtigt waren, ob sie etwa alkoholisiert oder unter Drogeneinfluss standen. Denn das hätte enorme haftungsrechtliche Fragen ausgelöst.

»Um 13 Uhr landet die Maschine aus Deutschland in Wien, richten Sie sich her«, sagte der Staatsanwalt und klang ein wenig so wie die Stimme im Albtraum. Reiter wollte noch seine Frau anrufen, die kurz zuvor einen Sohn geboren hatte, aber sie war nicht erreichbar. Dann sagte er: »Ja, okay, ich bin dabei.«

Er lässt sich noch rasch gegen tropische Krankheiten impfen, rast nach Hause. Ehe er losfliegt, packt er noch schnell eine VHS-Kamera ein, die er zur Dokumentation der ersten

Schritte seiner Kinder kurz vorher beschafft hatte. Am nächsten Tag steht Reiter in einer Leichenhalle in Bangkok. Es ist ein zweistöckiges Gebäude mit mehreren Seziertischen zu ebener Erde. Im Hof der Gerichtsmedizin liegen Berge von Leichen, die nicht gekühlt waren, in Bergesäcken oder eingewickelt in Plastikfolien. Es hat 35 Grad, dreimal täglich ging ein Regenguss über die Leichen. »Es waren katastrophale Zustände, denn die Thailänder waren komplett überfordert.«

Mit der Videokamera hatte Reiter diesen Seziersaal gefilmt. Ich durfte mir einige Szenen dieses alten Videos ansehen. Wie in Breughels »Der Triumph des Todes« lagen da die Toten neben- und übereinander. Die Gerichtsmediziner entnahmen den zerfallenden Körpern Unterkiefer, Haut der Fingerkuppen und Kleidungsstücke. Reiters Auftrag war es, unter den völlig entstellten und von Fliegenmaden übersäten Toten den Piloten und den Co-Piloten zu suchen und diese zu obduzieren. Die Männer waren – aufgrund ihrer Uniformen – in dem großen Leichenberg bald gefunden und obduziert. Er hätte gleich wieder nach Hause fliegen können, was er aber nicht tat. Stattdessen reihte er sich ein in das Identifikationsteam und half mit, auch die anderen Toten zu identifizieren. Die Gerichtsmediziner in Thailand waren schon ohne diese Katastrophe überfordert, nur fünf Obduktionstische standen für ganz Bangkok bereit. Reiter sollte in einer Art Besenkammerl arbeiten, hat dann aber im Freien gearbeitet. Der Luft wegen, sagt Reiter, »denn im Seziersaal war die Luft derart intensiv mit dem Fäulnisgas Ammoniak gesättigt, welches sich im Schweiß löste, dass die Schweißperlen, die in die Augen liefen, höllisch brannten«.

Was man auf dem Film der alten Videokamera sieht, ist

schlimmer als jeder Albtraum. Reiter erzählte mir, dass er die Kamera nach der Mission weggeworfen hat, weil der Kunststoff unauslöschlich den Geruch der Toten angenommen hatte.

Die Thailänder arbeiteten wie die Wiener in den siebziger Jahren. Sie obduzieren die Schwarzhaarigen – die sie für Asiaten hielten – und überließen den europäischen Forensikern, die lediglich einen Gaststatus hatten, die mit den hellen Haaren. Dann klebten sie Fotos der Verstorbenen auf Flipcharts, damit die Verwandten sie im Foyer identifizieren sollten. »Und wenn dann einer gekommen ist und gesagt hat, ja, die Leiche 85, das ist mein Bruder, dann hat es geheißen, gut, dann gehen Sie dort vorne zum Schalter, dort unterschreiben Sie ein Formular, dass Sie sich zu dem Toten bekennen, und dann kriegen Sie ein Zetterl und können sich hinten beim Expedit diese Leiche abholen. Das war's.«

Katastrophal nennt Reiter heute noch die Zustände, denn letztlich gelang es nicht, 43 Passagiere dieses Fluges zu identifizieren. Heute noch liegen sie namenlos auf dem Friedhof, der an der Absturzstelle des Flugzeuges geschaffen wurde.

Reiter belastet bis in die Gegenwart noch etwas anderes. Er hörte sich – gemeinsam mit einem Flugsachverständigen – den Voice Recorder an, der den Informationsaustausch zwischen dem Piloten, einem Amerikaner, und dem Co-Piloten, einen Burgenländer, wiedergibt. Dreißig Sekunden lang versuchen die beiden, den Absturz zu verhindern. Es sind die letzten Sekunden in ihrem Leben, »und da bekommt man dann plötzlich einen sehr persönlichen Bezug zu diesen Personen, die man da seziert hat«. Das ist ungewöhnlich für einen Gerichtsmediziner. Wie Reiter einmal in einem Obduktionssaal ausführte, will man sich als Obduzent maximale Distanz zum »Obduktionsgut« verschaffen. Weder die Verstorbene noch deren Angehörige sollten einem bekannt sein. Doch in Thailand lagen Urlaubsfotos der Toten verstreut zwischen den Leichen. Bilder von glücklichen Momenten am Strand. »Wer heute bei mir am Tisch liegt«, so höre ich Reiters Stimme immer wieder sagen, »hat gestern noch gelebt.«

Viele Opfer, wird Reiter später herausfinden, sind nach dem Zerreißen des Fliegers aufgrund der Schubumkehr aus dem Flugzeug herausgeschleudert worden und wohl durch den Kontakt mit Flugzeugtrümmern gestorben. Einige sind erst durch den Aufprall im Dschungel zu Tode gekommen. Auch der Urwald glich einem Inferno. Plünderer, aber auch Bergetrupps, nahmen den Toten Schmuck und andere Wertsachen ab – wertvolle Hilfsmittel zum Identifizieren. Viele dieser Gegenstände, aber auch viel Geld wird man später in den Schreibtischladen des Chefs der Bangkoker Gerichtsmedizin finden. Reiter sagt, der Mann habe sie »sicherlich nur in Sicherheit gebracht«.

Was passierte heute, wenn eine Maschine im Wienerwald explodiert?, frage ich Reiter. Innerhalb weniger Stunden wäre ein Team rekrutiert, die entsprechende Logistik stünde bereit. Im Jahr 2005 wollte das österreichische Innenministerium am Flughafen in Salzburg einen fingierten Flugzeugabsturz mit einem speziell dafür ausgebildeten Team von Kriminalbeamten trainieren. Dazu kam es nicht, denn kurz nach Weihnachten 2004 ereignete sich in Thailand schon wieder eine Katastrophe. Der Tsunami, eine der größten Naturkatastrophen. 230 000 Menschen kamen zu Tode, 100 000 wurden verletzt, 1,7 Millionen obdachlos. »Unser österreichisches Team, voll motiviert, frisch ausgebildet, ist nach Thailand gefahren, hat sich dort bestens bewährt.«

Bald schon stellte Reiter fest, dass sich die Lage dort nicht geändert hatte. Die Behörden separierten diesmal nicht nur die Menschen mit dunklen von jenen mit hellen Haaren, sondern jene mit Zahnplomben von denen, die schlecht versorgte Zähne hatten. »Weil der Durchschnitts-Thailänder, der dort im ländlichen Bereich oder im Service in Hotels tätig ist, kaum Zahnfüllungen hat, wurde einfach entschieden: schwarze Haare, keine Plomben, Thailänder.« Sie wurden – ohne Identitätsfeststellung – in Massengräbern bestattet. Und alle anderen – mit Plomben, Schmuck und hellen Haaren – wurden von jenem internationalen Identifikationsteam identifiziert, dem auch Reiter angehörte. Vor dem Tod, so lernte er, waren dann doch nicht alle gleich.

VERLETZT, VERPRÜGELT, VERUNFALLT – DER ALLTAG

»Serienrippenbrüche«, »Mehrstückbruch des Nasenbeins«, »Blutunterlaufungen zwischen harter und weicher Hirnhaut bis in die Augenhöhlendächer«, »Rissquetschwunden, die durch Einschlagen mit einem Elektrokabel hervorgerufen wurden«, »Schläge in den Oberbauch«. Christian Reiter schildert vor den Geschworenen die Verletzungen einer jungen Frau. Auf den Bildschirmen im Großen Schwurgerichtssaal sehen sie die Fotos von Anna A.

»Diese junge Frau«, sagt Reiter, »hat durch dieses Verbrechen ein Auge und fast ihr Leben verloren.« Eine »schicksalshafte Fügung« sei es gewesen, dass sie diese über mehrere Stunden dauernde Tortur durch ihren Lebensgefährten überlebt habe.

Eine Geschworene dreht sich weg. Eine andere sieht dem Täter in die Augen. Sediert, abwesend und von zwei Polizisten bewacht sitzt er auf der Beschuldigtenbank. Auf die Fragen einer Richterin antwortet er monoton und wirr. Nach sieben Stunden Verhandlung weisen ihn die Richter in eine Anstalt für psychisch kranke Rechtsbrecher ein.

Der Täter litt an einer schizoaffektiven Psychose, eine

schwere psychiatrische Erkrankung, er ist nicht schuldfähig, konnte das Unrecht seiner Tat nicht erkennen, handelte im Wahn. Nachdem er seine Freundin fast totgeprügelt hatte, wollte er sie kreuzigen, mit Fliegen füttern und dann, versorgt mit Kamillentee, auf eine Matratze im Badezimmer betten. Nachdem die von den aufmerksamen Nachbarn gerufene Polizei die Tür aufgebrochen hatte, sprach er davon, dass die Frau verletzt von einem Date nach Hause gekommen sei. Er sei unschuldig.

Ich wollte Professor Reiter einmal zu einem ganz normalen Gerichtsverfahren begleiten, wollte sehen, wie sein Alltag aussieht, abseits der spektakulären Fälle und abgesehen von den historischen. Es wurde ein Mordprozess, einer von denen, die medial, wenn überhaupt, nur am Rande bemerkt werden.

Als Journalist besuche ich den Großen Schwurgerichtssaal auch nur dann, wenn Politiker, mächtige Bosse oder Personen der Zeitgeschichte angeklagt werden. Kameraleute und Journalisten drängeln sich vor, Platzkarten werden ausgegeben, dann ist die Galerie dieses Saales von Kiebitzen besetzt und man selbst Teil in einem veritablen Justiztheater.

Jetzt aber war ich fast allein, nur eine Schulklasse schaute vorbei und Stefan, der langgediente Gerichtsreporter der Austria Presse Agentur. Die Schüler lernten hier nun einiges über den Staat und sein Versagen.

In seiner gutachterlichen Praxis sei er in den meisten Fällen gar nicht mit Leichen konfrontiert, klärte mich Reiter vor Verhandlungsbeginn auf. Nicht die clamorosen Fälle und die Toten prägen seinen Alltag, sondern die Verletzten, die Verprügelten, die Verunfallten. Sie zu begutachten, ihre Schmerzen zu beschreiben, ihre Qualen zu ergründen, das ist Teil jener gerichtsmedizinischen Rechtspflege, der er sich als Facharzt für gerichtliche Medizin verschrieben hat.

Viele der Opfer sind Frauen wie Anna A. Vielen wird in Gerichtsverfahren nicht oder nicht ausreichend geholfen. Auch Anna A. macht diese Erfahrung. Ihr Martyrium hätte verhindert werden können, sagt ihr Anwalt. Jetzt muss sie den Schaden allein tragen.

Ich lernte in dem Prozess nicht nur, wie die sogenannte »Drehtürpsychiatrie« versagt, wie wenig sich also der Staat um psychisch kranke Menschen kümmert, die, trotz der Diagnose »Fremd- oder Selbstgefährdung«, allein auf den Straßen herumirren. Mich irritierte noch ein Satz, den Reiter in seinem Vortrag vor den Laienrichtern en passant fallen ließ. »Ausnahmsweise«, sagte er, seien die Verletzungen diesmal ordentlich dokumentiert. Das sei keine Selbstverständlichkeit, ergänzt er nach der Verhandlung.

Ich hätte erwartet, dass irgendjemand auf der Richterbank stutzt und sagt: »Was sagen Sie da, Herr Sachverständiger? Die Verletzungen werden sonst nicht ordentlich dokumentiert? Können wir nach der Verhandlung darüber reden?« Aber das geschah nur in meiner Phantasie. Reiters Kritik schreckte in der Routine dieses Prozesses ohne Publikum niemanden auf. Aber was genau meinte er nun damit?

In den meisten Fällen wird die Dokumentation von Verletzungen von Ärzten durchgeführt, die keine gerichtsmedizinische Ausbildung mehr genossen haben. Auch die Polizisten sind zu wenig geschult, klagt Reiter. So fotografieren sie in der Regel etwa Hämatome, deren Farbspektrum für Reiters Befunde wichtig ist, in dunklen Büros oder in Polizeiinspektionen mit Leuchtstoffröhrenlicht. Für Frauen, die in Beweisnot geraten, sei das ein großes Unglück. Für viele Gewalttäter, die »im Zweifel« freigesprochen den Gerichtssaal verlassen, sei es hingegen ein Segen.

Reiter lädt in seine Praxis in Wien-Hernals, um mir das Problem zu verdeutlichen. Sie befindet sich unmittelbar neben dem Studierzimmer, in dem er all die Knochen, Haare, Fossilien, Totenmasken und Kupferstiche verwahrt hat.

Wenn das Studierzimmer eine Art gerichtsmedizinisches Museum der Vergangenheit ist, dann eröffnet die Kanzlei den Blick in unsere Gegenwart. Hier sieht man aus der Perspektive des Gerichtsmediziners, was falsch läuft in diesem Land. An seinem Schreibtisch inspiziert Reiter die Fotos von Verletzten, er liest sich durch die Einvernahmeprotokolle und Befunde, dann diktiert er die Gutachten und beantwortet darin die richterlichen Fragen, ob Verletzungen »im Sinne des Gesetzes« schwer oder leicht sind, ob sie Dauerfolgen nach sich gezogen haben oder lebensgefährlich waren. Um diese Arbeit ordentlich bewerkstelligen zu können, sagt Reiter, braucht er aber eine genaue Dokumentation. Oft senden Gerichte ihre Akten erst Wochen später an ihn. Oft wollen Verletzte nicht mehr aussagen. Oft werden aber auch Verletzungen vorgetäuscht, um Menschen zu verleumden.

Reiter zieht ein paar Aktenbündel aus einem Schrank. Es sind Gutachten, die er für mich ausgewählt hat, um jenen alltäglichen Missstand zu verdeutlichen, den er im Schwurgerichtssaal angesprochen hat. Er zeigt mir anonymisierte Fotos von misshandelten Frauen und Kindern. Beim Anblick der Bilder sagt Reiter, »geht mir die Galle über«. Reiter, der stundenlang mit morbidem Humor und großem Wissen aus seiner Welt und über seine historischen Fälle erzählen kann, wirkt auf einmal zornig. Denn diese Bilder zeigen nicht nur Gewalt an Frauen, sie zeigen auch das Versagen des Rechtsstaates, dieser Gewalt wirksam entgegenzutreten.

»Schauen Sie sich die Bilder einmal genau an«, fordert mich Reiter auf, »fällt Ihnen etwas auf?« Tatsächlich sind die Verletzungen unglaublich schlecht fotografiert. Jeder Kratzer im Lack eines Autos wird heute besser dokumentiert.

Die Bilder sind gelbstichig, sie sind unscharf, sie sind nahezu wertlos. Dabei sind es Bilder, die scheinbare Profis aufgenommen haben, Ärzte oder Polizisten. Offenbar arbeiten sie – warum auch immer – ohne erforderliches gerichtsmedizinisches Basiswissen. Und das, sagt Reiter, ist ein strukturelles Problem, für das auch die Hochschulpolitik verantwortlich sei.

Seit der Jahrtausendwende gibt es zum Beispiel an der Medizinischen Universität Wien keine verpflichtenden gerichtsmedizinischen Vorlesungen mehr. Eine jahrhundertealte Disziplin, begründet nicht zuletzt im Wien der Aufklärung, fortentwickelt in der Moderne, findet in der ehemaligen Weltstadt der Medizin ihr unrühmliches Ende.

Die Donaumetropole bildet zehntausende Ärzte aus, die für ihren Doktortitel nie ein gerichtsmedizinisches Buch lesen mussten. Die keinen geschulten Blick mehr dafür haben, was in Gerichtsverfahren wichtig sein könnte. In einem Bericht mit dem Titel »Zur universitären Gerichtsmedizin in Österreich« schlug der österreichische Wissenschaftsrat – ein Beratungsgremium des Wissenschaftsministeriums – schon im Jahr 2014 Alarm. Hausärzte seien nicht mehr imstande, »einen Unfall im Haushalt von einer Misshandlung zu unterscheiden«, warnten die Experten. Vor zehn Jahren seien noch zirka dreißig Sachverständige in Österreich tätig gewesen, nun sind es um ein Drittel weniger. Während in Wien einst etwa dreitausend behördlich angeordnete Leichenöffnungen pro Jahr durchgeführt wurden, sind es inzwischen nur noch fünfhundert. Aber, so warnt der Wissenschaftsrat, »eine funktionierende universitäre und damit von Politik, Justiz und Polizei unabhängige Gerichtsmedizin stellt eine wichtige Säule im Bereich der Rechtssicherheit dar«.

»Es ist«, sagt Reiter und blättert in den gelbstichigen Fotos, »ein Skandal, denn es hat sich daraufhin nicht geändert.« Was bedeutet es denn, wenn ein Land keine Gerichtsmediziner mehr ausbildet? Dass Straftaten unentdeckt bleiben. Nein, es geht nicht um Morde, derer gibt es nicht so viele. Es geht vor allem um Gewaltdelikte, um Fahrlässigkeitsdelikte, um zivilrechtliche Ansprüche auf Schmerzensgeld, Begräbniskosten und dergleichen. Ohne genaue Dokumentation keine stichhaltigen Beweise, ohne Beweise kein Schuldspruch, ohne Schuldspruch kein Schadensersatz und meist auch keine Sanktion. So ist das in einem Rechtsstaat.

In den vielen Prozessen um sogenannte »häusliche Gewalt«, so wird Gewalt gegen Frauen weiter verharmlosend genannt, sei das besonders problematisch. Allzu oft würden sich Frauen der Aussage entschlagen. Aus Angst vor dem Täter, aber auch aufgrund finanzieller Abhängigkeit von ihm und aus Liebe zu gemeinsamen Kindern, denen sie den Gefängnisaufenthalt des Vaters ersparen wollen.

»Sehen Sie sich nur diesen Fall an«, sagt Reiter und lässt mich kurz in eine Akte blicken. »Diese Frau sucht mit einer blutenden Wunde am Unterarm die Unfallambulanz eines Krankenhauses in Wien auf. Dort behandelt sie ein Universitätsdozent.« Sie berichtet in gebrochenem Deutsch, ihr Mann habe sie mit einem Messer attackiert. Der Arzt beschreibt nun in der Patientenkartei am rechten Unterarm eine »ca. vier Zentimeter lange Schnittwunde unbekannter Tiefe«; dann näht er die Wunde zu, ohne sie vorher zu fotografieren.

Zu Hause bittet das Opfer eine Freundin, ein paar Fotos der Wunde mit einem Maßstab zu machen. »Schauen Sie genau hin«, sagt Reiter, »sehen Sie etwas?« Eine Wunde von nur 2,5 Zentimeter Länge, nicht vier! Jeder Pflichtverteidiger werde diesen Widerspruch thematisieren, sagt Reiter, denn: »Eine Stichwunde definiert sich danach, dass die Tiefe der Wunde größer sein muss als die Länge der Wunde an der Oberfläche.«

Bei einer Schnittwunde sei es genau umgekehrt, sie ist »seichter«. Für den Strafprozess ist das eine ganz wichtige Information: Denn bei einer Stichwunde stellt sich die Frage nach einem Mordvorsatz. Da sticht einer richtig zu und hält es »ernsthaft für möglich und findet sich damit ab«, dass der Mensch daran auch sterben kann. Eine Schnittwunde kann das Ergebnis eines »dummen Herumfuchtelns sein«, sagt Reiter. Und genau so lautete die Verantwortung des Mannes vor Gericht. Er habe nur »dumm herumgefuchtelt«, die ungeschickte Frau habe ins Messer gegriffen, aber nie im Leben habe er seine Frau ernstlich verletzen wollen. Der Unterschied zwischen diesen Versionen ist existenziell. Beim Stich mit Mordvorsatz kann ein Gericht lebenslange Haft verhängen. Bei einer schweren Körperverletzung maximal drei Jahre. Bei einem Fahrlässigkeitsdelikt droht eine kleine Geldbuße. Reiter sagt: »Dieser Arzt hat in seiner Ausbildung nie gelernt, dass sein Befund ein wichtiges Beweismittel in einem Gerichtsverfahren sein kann.« Viele Ärzte lernen nicht mehr, dass sich ihre Aufgabe nicht nur darauf beschränkt, die Patienten zu behandeln, sondern dass es auch ihre Aufgabe ist, für allfällige Gerichtsprozesse Beweismaterialien zu sammeln und zu dokumentieren.«

Am Beginn des 21. Jahrhunderts muss man also davor warnen, dass wir vor einem Verlust gerichtsmedizinischen Wissens stehen. Der Grund: Universitäten sind de facto eigenständige Firmen geworden, Rektoren sind gesetzlich dazu verpflichtet, ihre Fakultäten auch nach wirtschaftlichen Gesichtspunkten zu führen. Aber ein Gerichtsmediziner wird nach dem Gebührenanspruchsgesetz bezahlt und erwirtschaftet somit wenig Geld, aber er und die mit seiner Arbeit verbundene Logistik kosten der Universität viel Geld. Dieses »Sparen im System«, so wird mir über Reiters Aktendeckeln in seiner kleinen Hernalser Kanzlei bewusst, trifft Opfer ganz unmittelbar. Frauen vor allem, aber auch Kinder.

Und letztlich geht es ja auch nicht nur darum, Täter zu überführen, sondern auch darum, sie zu entlasten. Reiter zieht noch einen Fall aus dem Stapel. Eine Frau hatte ihren Mann beschuldigt, er habe versucht, ihr den Hals durchzuschneiden; mit einem Messer sei er ihr über die Gurgel gefahren. »Gott sei Dank war auch dieser Fall von der Polizei relativ gut dokumentiert«, sagt Reiter. »Sehen Sie nur, beide Schnittverletzungen verlaufen exakt parallel zueinander, und beide sind nur seicht.« Das weckt das Misstrauen des Experten. Für einen Täter ist es nämlich fast unmöglich, einem Opfer zweimal eine gleichartige Schnittverletzung zuzufügen. Das Opfer windet und wehrt sich. In diesem Fall war die Sache für Reiter klar: Es war eine Selbstbeschädigung. Die Frau hat nach dem

Gutachten unter dem Druck dieses Beweismittels zugegeben, den Mann verleumdet zu haben, um ihn ins Gefängnis zu bringen.

Stundenlang ist Reiter in der Lage, solche Fälle aufzulisten. Da ist eine Frau, die mit K. o.-Tropfen bewusstlos gemacht und missbraucht wurde – aber im Spital wurde sie toxikologisch nur unzureichend untersucht. In einem Altersheim, so erkannte Reiter, wurde ein Fenstersturz vorschnell als Suizid wegadministriert.

Und immer wieder würden Polizisten und Staatsanwälte die Fälle gerne ohne lästige gerichtsmedizinische Begutachtung rasch vom Tisch haben wollen. Reiter erinnert sich an einen fast schon paradigmatischen Satz eines Beamten, als eine Totenbeschauärztin in einem bedenklichen Fall auf einer ordentlichen forensischen Untersuchung bestand. »Prinzessin«, sagte der Polizist zur Ärztin, »mochen Sie doch ka Lamperl wüd.«

EPILOG

Es ist etwas Besonderes passiert während der Recherche zu diesem Buch. Ich habe den Ekel vor Leichen verloren, die Angst vor dem Tod. Ich sehe Maden mit neugierigem Staunen, ich erschlage keine Fliegen mehr, und es graut mir nicht beim Anblick von verwesenden Lebewesen, egal, ob es sich dabei um Menschen oder Tiere handelt. Ganz im Gegenteil: Sie faszinieren mich.

Die vielen Gespräche und Begegnungen mit Christian Reiter für dieses Buch haben mich gelehrt, dass der Tod ein Teil des Lebens ist, dass die Verwesung ein natürlicher Vorgang, ein Mechanismus der Natur ist. Wir wenden uns wohl nur deshalb mit Graus von ihm ab, weil er unsere Endlichkeit demonstriert. In ihrem wunderbaren Essay »All that Remains« beschreibt die Gerichtsmedizinerin Sue Black den Tod als Frau, die uns eines Tages sehr nahekommen wird, existenziell nahe. Sie wird uns, wie eine Fee, zu Staub verwandeln, so wie es schon in der Bibel geschrieben steht.

Wir nähern uns dem Tod mit Trauer und Wut, manchmal mit schwarzem Humor und Sarkasmus. Wir tabuisieren und verdrängen ihn. Wir verarbeiten ihn in der Kunst. Aber viel zu selten begegnen wir ihm mit Neugierde und offenen Sinnen. Christian Reiter wollte als Kind wissen, wie die Leichen in den Gräbern aussehen, er stieg später hinab in die Grüfte, um zu sehen, wie es uns ergeht, wenn wir nicht mehr sind. Oder glauben, nicht mehr zu sein.

Die Gespräche mit dem Wissenschaftler Reiter zeigten mir nicht nur, wie Menschen der unterschiedlichen Epochen mit Toten verfuhren, wie sie Menschen ausstopften, mumifizierten, ihnen die Haare ausrupften, sie zerhackten, in Grüften verwahrten oder verbrennen ließen. Reiter legte mir auch dar, wie wichtig Empirie, akribische Forschung und wissenschaftliche Expertise bei der Suche nach den Ursachen des gewaltsamen Todes oder der Schuld von Tätern sind.

Wer schuldig ist oder nicht, das entscheidet zwar ein Gericht. Aber die Gerichtsmedizin hilft den Richtern dabei, ihre Entscheidungen zu treffen. Sie muss dabei standhaft und unabhängig sein, auch gegenüber der Politik oder den Zurufen der Straße. Dass der Gerichtsmedizin in Wien der Untergang droht, ist ein Missstand, den mir Reiter während der Recherchen wiederholt vor Augen führte. Sein Befund müsste – auch eingedenk der Kulturgeschichte der Gerichtsmedizin – die Politik alarmieren. Dieses Buch versteht sich daher auch als Weckruf für Entscheidungsträger, eine wissenschaftliche Disziplin in Zeiten von Fake News und Wissenschaftsfeindlichkeit nicht aussterben zu lassen.

Dieses Buch wäre ohne die Neugierde, das Wissen, die Erfahrung und die Erzählkunst des Physikus Reiter nie möglich gewesen. Dem »Professor«, mit dem während des Schreibens eine Freundschaft entstanden ist, gebührt daher mein größter Dank. In stundenlangen Gesprächen, auch für den *Falter*-Podcast »Klenk + Reiter«, aber auch in ausführlichen Begegnungen bei Gericht, am Institut oder in seinem Büro (akribisch transkribiert von Vera Hochschwarzer) gab er mir nicht nur Einblicke in seinen Erfahrungsschatz, sondern auch in sein Leben und das seiner Ahnen. Reiters Wissen, verstreut in vielen seiner wissenschaftlichen Aufsätze, bildet das Gerüst dieses Buches, das seine Fälle archivieren, sie aber auch in einen größeren medizinischen, historischen und biografischen Kontext setzen soll.

Nicht nur Reiters Privatissima, auch viele spannende Bücher haben mir bei dieser Reportage geholfen. Sie alle aufzuzählen, sprengte den Rahmen. Aber Ernst Hausners faszinierende Publikationen über den Narrenturm und das Gerichtsmedizinische Museum sind hier zu nennen. Ich konnte mich dank des viel zu wenig beachteten Romans »Der Pestarzt« von Barbara Büchner schnell in die »Pestexpedition nach Bombay« einlesen. Ingrid Arias exzellente Forschung über die Geschichte der Gerichtsmedizin in der NS-Zeit bot mir wertvolle Einblicke in die Rolle der Gerichtsmediziner im Hitler-Regime, etwa Leopold Breitenecker, dem es gelang, vom NS-Mediziner zum Rektor der Universität Wien aufzusteigen. Seine Enkel haben mir wertvolle biografische Details ihres Großvaters zur Verfügung gestellt. Dem Medizinhistoriker Herwig Czech danke ich für akribische Lektüre und viele wertvolle Korrekturen und Hinweise. Den Büchern des Schriftstellers Gerhard Roth, den ich kurz vor seinem Tod bei einem Besuch persönlich kennenlernen durfte, verdanke ich literarische Einblicke ins Graue Haus, den Narrenturm und die Sensengasse, Schauplätze, die auch in diesem Buch wichtig sind. Roths Reportagen waren Leitsterne für meine eigene Arbeit. Zsolnay-Verleger Herbert Ohrlinger danke ich für die wertschätzende Betreuung beim Schreiben dieses Buches und die gewissenhafte Redigatur. Heidi Reiter danke ich für das gewissenhafte Gegenlesen des Manuskripts.

Besonders bedanken aber möchte ich mich bei meiner Familie. Meine Mutter Christiane Klenk ist – so wie Christian Reiter – Ärztin mit offenem Herzen und Neugierde. Schon als Kind sah ich ihr dabei zu, wie sie als Landärztin Menschen nicht nur behandelte, sondern ihnen zuhörte, sie beobachtete, heilte und viele Leben rettete. Bei meiner Schwester Ines-Maria, Fachärztin für Augenheilkunde, beobachtete ich, wie knochenhart ein Medizinstudium ist und wie akribisch und gewissenhaft Ärzte arbeiten müssen, vor allem als Frauen. Ich hätte diesen Beruf nie bewältigt, aber mein Interesse für das Leben der Ärzte war geweckt. Dank gebührt auch meinem Vater Rudolf Klenk, der mir das Jus-Studium nahelegte und durch seinen kritischen Blick auf die Welt meine Neugier weckte. Auch für die Welt der Naturwissenschaft, der Physik und Mathematik.

Gewidmet ist dieses Buch vor allem aber meiner eigenen Familie, die mich an vielen Abenden und Wochenenden entbehren musste. Meine Frau Vroni, eine Kriminalsoziologin, und meine Kinder Anna und Leopold durften sich jeden einzelnen Fall immer wieder und wieder anhören, wieder und wieder. Sie teilen damit das Glück und Schicksal von Christian Reiters Familie.

Dem Falter-Verlag, insbesondere Siegmar Schlager und Miriam Hübl, danke ich dafür, dass sie den *Falter*-Podcast »Klenk + Reiter« ermöglichten bzw. betreuten, der auch für dieses Buch eine wertvolle Quelle war.

Dem Team des Zsolnay Verlags danke ich für die monatelange Betreuung dieses Buches. Christopher Mavrič hat wunderbare Fotos zu diesem Projekt beigesteuert.

Meinen Leserinnen und Lesern wünsche ich, dass sie, wie Reiter, immer neugierig, mit scharfem Blick und offenem Herzen die Welt entdecken. Und zu dieser unserer Welt gehört eben auch der plötzliche und unerwartete Tod, manchmal auch der gewaltsame. Der eigene Tod aber geht uns, wie Epikur so schön formulierte, zum Glück nichts an. Zumindest ist das meine Hoffnung.

INHALT